KB219553

三寶宗刹

통도사 · 해인사 · 송광사

삼보종찰

印章展

인장전

송광사성보박물관
songgwangsa museum

전시출품 및 협조기관

전시출품
통도사성보박물관
해인사성보박물관
보림사성보박물관

도록사진 제공
해인사성보박물관

일러두기

1. 이 책은 송광사성보박물관이 2023년 5월 15일부터 8월 15일까지 개최하는 특별전 '삼보종찰 인장전'의 전시 도록이다.
2. 유물의 세부사항은 시대, 재질, 크기, 소장처, 지정사항 순으로 표기했다. 유물의 크기는 인장의 경우 전체 높이와 손잡이 높이,
   가로×세로 순으로 표기했다. 그 외 유물은 전체 높이, 가로×세로로 하였으며, 기본 단위는 'cm'이다.
3. 전시의 이해를 높이기 위해 전시되지 않은 유물과 참고자료 사진도 수록하였으며, 별도의 소장처 표기가 없는 유물은 모두
   송광사성보박물관 소장품이다.
4. 이 도록은 (재)대한불교진흥원의 불교기관·단체 지원사업의 지원을 일부 받아 제작했다.

목차 Contents

격려사

　요즘은 각종 문서에 도장보다 자신의 이름을 직접 적는 '싸인'을 많이 합니다. 그래도 아직은 문서에는 도장을 찍는 경우가 많습니다. 도장은 어찌 보면 나를 대신하는 자신의 상징이자 징표이기도 합니다.

　화가가 그림을 그려 놓고 거기에 자신의 도장 즉 낙관을 찍지 않았다면, 그 그림의 작가가 누구인지 알기 어려울 것입니다. 그러나 작가가 거기에 도장을 찍음으로써 그 작품이 사실상 완성되는 것이니 마치 '화룡점정(畵龍點睛)'이라 할만한 일입니다.

　불교에서 '심인(心印)'이라는 말이 있는데 말 그대로 '마음의 도장'입니다. 부처님이 대중들에게 꽃을 들어 보이시니 가섭존자만이 그 뜻을 알고 웃음 지었다는 염화미소(拈花微笑)의 이심전심(以心傳心)을 일러 심인을 전한다고 하는 것입니다. 유형의 도장이 나의 의사를 확인하는 것이라면 심인은 무형의 도장으로 나의 마음을 전하는 일입니다.

　송광사성보박물관에서 이번에 삼보종찰(三寶宗刹)의 인장을 한곳에 모아 특별전을 개최합니다. 한국 불교의 대표 사찰인 삼보사찰에서 소장한 도장, 즉 인장은 단순히 문서에 도장을 찍는 도구가 아니라 그 인장을 사용하던 시대의 역사를 담고 있는 중요한 성보입니다.

　요즘은 거의 사용되지 않는 스님들의 소임이나 전란과 재해로 사라진 사찰의 흔적이기도 하며, 당시 승가의 생활상을 살펴볼 수 있는 역사적인 기록물이기도 합니다. 그 인장에는 많은 글자가 새겨져 있지는 않지만, 그 안에 함축된 상징성은 실로 대단한 것입니다.

　일본에서는 사찰을 참배하는 불자들이나 순례객들이 작은 공책을 마련해 자신이 다녀갔던 사찰의 인장을 받아 보물처럼 간직한다고 합니다. 요즘 우리나라도 그렇게 하는 분들이 많이 있는데 이는 쓰임새가 줄어든 인장의 새로운 변신이라 할 수 있습니다.

　이번 삼보종찰 인장 특별전을 통해 그동안 소홀히 대했던 사찰 인장의 중요성이 크게 드러나기를 바랍니다. 또한 이를 통해 잊혀진 한국 불교사의 한 단면이 새롭게 발굴되어 조명되는 계기가 되었으면 합니다.

　삼보종찰 인장전을 위해 소중한 성보를 기꺼이 대여해 주신 영축총림 통도사, 해인총림 해인사와 보림사에 깊은 감사의 마음을 전하며, 이번 전시가 원만하고 성대하게 회향 되기를 축원합니다.

불기 2567년 5월

조계총림 방장
현봉 합장

발간사

코로나 사태로 인해 변변한 특별전을 실시하지 못한지 어언 3년의 세월이 흘렀습니다. 그동안 작은 전시로 그 아쉬움을 달랬지만, 이제 코로나 팬데믹이 점차 해제되면서 송광사성보박물관에서 특별한 전시를 마련했습니다.

사찰 인장을 주제로 삼보종찰인 통도사, 해인사, 송광사에 소장된 인장들을 모두 모아 그 가치를 새롭게 조명한 이번 특별전은 삼보종찰만이 지닌 특색을 가장 잘 드러내고 있다고 생각합니다.

통도사에는 부처님 사리탑이, 해인사에는 팔만대장경판이, 그리고 송광사에는 16국사의 흔적이 오롯이 남아 세상에서는 이 세 사찰을 '삼보종찰'이라고 부르고 있습니다. 언제부터 삼보종찰이라 불렀는지는 모르지만, 이번 전시를 통해 삼보종찰이 불자들의 신심만을 담고 있는 명칭이 아니라 나라에서 '공인'한 명칭이라는 사실도 새롭게 확인할 수 있었습니다.

사실 인장이라 하면 각종 공문서에 도장을 찍는 단순한 기능만이 있는 것으로 알려졌지만, 이번 전시를 통해 사찰 인장은 조선시대 억불정책 아래에서도 사찰과 당시 스님들의 지위가 알려진 것처럼 천시되지 않았다는 사실입니다. 오히려 일정한 지위를 가진 지식인 계층으로 '노블레스 오블리주(Noblesse Oblige)'를 실천하는 사회적 본보기로 자리매김하고 있었습니다.

비록 정책적인 규제는 있었을지언정 그 고귀함과 청정함은 사회에 모범이 되어 수많은 국난을 헤쳐 나가는데 모범이었음은 잘 알려진 사실입니다.

가치를 모르는 사람에겐 작고 볼품없는 인장일 수 있지만, 그 인장이 가지고 있는 권위와 상징은 한국불교의 찬란한 역사를 한 몸에 담고 있다고 해도 과언이 아닙니다.

금빛 찬란하고 웅장한 유물만이 세상의 존귀함을 한 몸에 받는 유물이 아님을 이번 특별전을 통해 확인할 수 있는 계기가 되었으면 합니다. 사찰 인장은 충분히 그 가치가 있는 성보입니다.

이번 전시를 위해 유물을 대여해 주신 통도사, 해인사 어른 스님과 대중들께 진심으로 감사드립니다. 또한 원만한 전시 준비를 위해 도움을 주시고 노고를 아끼지 않으신 방장 현봉스님과 박물관장 고경스님, 그리고 박물관과 사내 대중 여러분들 모두에게 감사드립니다.

불기 2567년 5월

송광사 주지
자공 합장

일제강점기 통도사 전경 국립중앙박물관 소장. 유리 건판 사진

I
불보종찰
통도사의 인장

01   **불종찰원장인**
佛宗刹院長印

조선 후기
황동 | 높이 8.7cm, 손잡이 6.9cm, 가로 7.6cm, 세로 7.8cm
경상남도 유형문화재
통도사성보박물관 소장

———

Brass seal inscribed with 'Abbot of the Buddha Jewel Monastery: Tongdosa Temple' | Late Joseon
Gyeongsangnam-do Tangible Cultural Properties
Museum of Tongdosa Temple
H. 8.7cm, Handle. 6.9cm, W. 7.6 × 7.8cm

02   불법공덕인

佛法功德印

조선(1671년)
청동 | 높이 6.0cm, 손잡이 4.8cm, 가로 5.4cm, 세로 7.3cm
경상남도 유형문화재
통도사성보박물관 소장

———

Bronze seal inscribed with 'The Buddha-dharma and Guna' | Joseon(1671)
Gyeongsangnam-do Tangible Cultural Properties
Museum of Tongdosa Temple
H. 6.0cm, Handle. 4.8cm, W. 5.4 × 7.3cm

인장의 몸통에 침서(針書)로 '강희10년 통도사(康熙十年通度寺; 1671년)'를 새겨 놓았다.

03   경상남도수사찰지인

慶尚南道首寺刹之印

조선 후기
황동 | 높이 6.2cm, 손잡이 4.9cm, 가로 5.1cm, 세로 5.1cm
경상남도 유형문화재
통도사성보박물관 소장

———

Brass seal inscribed with 'District Head temple of Gyeongsangnam-do provinces' | Late Joseon
Gyeongsangnam-do Tangible Cultural Properties
Museum of Tongdosa Temple
H. 6.2cm, Handle. 4.9cm, W. 5.1 × 5.1cm

04　총섭신장

摠攝信章

조선 후기
황동 ｜ 높이 3.8cm, 손잡이 2.9cm, 가로 2.7cm, 세로 2.7cm
경상남도 유형문화재
통도사성보박물관 소장

———

Brass seal inscribed with 'Abbot of Temple' ｜ Late Joseon
Gyeongsangnam-do Tangible Cultural Properties
Museum of Tongdosa Temple
H. 3.8cm, Handle. 2.9cm, W. 2.7 × 2.7cm

05 신흥사승통인

新興寺僧統印

조선 후기
청동 | 높이 7.7cm, 손잡이 6.7cm, 가로 7.0cm, 세로 8.0cm
경상남도 유형문화재
통도사성보박물관 소장

———

Bronze seal inscribed with 'Abbot of Sinheungsa Temple', Yangsan | Late Joseon
Gyeongsangnam-do Tangible Cultural Properties
Museum of Tongdosa Temple
H. 7.7cm, Handle. 6.7cm, W. 7.0 × 8.0cm

양산 신흥사(新興寺)

소재지　경남 양산시 원동면 영포리 268

연　혁　301년 신본스님이 창건했다고 전하며, 창건 당시에 건물이 110동이나 되었다고 한다. 조선 중종대까지의 연혁은 알 수 없으며, 1582년(선조 15) 성순(性淳)스님이 중창하였다. 1592년(선조 25) 임진왜란 때 승군(僧軍)의 거점이 되어 왜군과 격전을 치르면서 대광전(大光殿)을 제외한 대부분의 건물이 불에 탔다. 이후 1757년(영조 33)에서 1765년(영조 41) 사이에 제작된 『여지도서(輿地圖書)』에 "신흥사는 군의 서쪽 육십 리 이천산에 있다"라고 기록되어 있어 영조대에 존속하고 있었음을 알 수 있다.

1801년(순조 1) 호명(浩溟)스님이 세 번째 중창을 하였고, 그 뒤 쇠락해 농막 형태로 명맥을 이어오다가, 1983년 영규(靈珪)스님이 주지로 부임해 화엄전과 지장전, 칠성각, 산신각, 천왕문, 일주문, 국사당(局祠堂)을 새로 짓고, 대광전을 중수하였다.

06 용추사인

龍湫寺印

조선 후기
황동 | 높이 5.8cm, 손잡이 4.8cm, 가로 4.5cm, 세로 4.5cm
통도사성보박물관 소장

Brass seal inscribed with 'Yongchusa Temple', Hamyang | Late Joseon
Museum of Tongdosa Temple
H. 5.8cm, Handle. 4.8cm, W. 4.5 × 4.5cm

함양 용추사(龍湫寺)

소재지　경남 함양군 안의면 상원리 963-2

연　혁　신라 소지왕 9년(487)에 각연(覺然)대사가 장수사를 창건하였고, 고려 말 무학(無學)대사가
중수한 뒤 은거하여 수행하였다. 현재는 해인사의 말사이다.

1680년(숙종 6)에 화재로 소실되어 계곡 아래쪽으로 절터를 이전하였다. 1681년(숙종 7)에
운흡(雲洽)과 전 주지 수오(秀悟)스님 등이 합심해 절을 아래쪽으로 이전하였고, 1684년(숙종
10)에는 문찬(文贊)스님이 법당을 지었다. 1686년(숙종 12)에 천왕문과 요사채를 이룩하였다.
용추사는 원래 장수사의 10여 곳 암자 가운데 한 곳으로 북쪽에 위치했다고 전한다. 1721년
(경종 1) 봄에는 지찰(智察) 등이 세운 팔상전을 용추사 옛터로 옮기고, 1725년(영조 1)에는
서언(瑞彦)이 용추암을 만들었다. 1734년(영조 10)에는 실화로 인하여 대웅전과 서상실(西上
室)·향각(香閣) 등이 타버렸으나 이 해에 불탄 전각을 모두 중건하였다.

용추암을 포함한 장수사는 일제강점기까지 일정한 사세를 유지하다가 한국전쟁으로 완전히
소실되었다가 1959년 현재의 터에 재건하기 시작해 오늘에 이르고 있다.

07   용추암인

龍湫菴印

조선 후기
황동 | 높이 5.4cm, 손잡이 4.6cm, 가로 4.5cm, 세로 4.5cm
통도사성보박물관 소장

———

Brass seal inscribed with 'Yongchuam Hermitage', Hamyang | Late Joseon
Museum of Tongdosa Temple
H. 5.4cm, Handle. 4.6cm, W. 4.5 × 4.5cm

기존 판독에서는 '○사 삼강인'으로 보고있다.

08 내용을 알 수 없는 인장

内容不明印章

조선 후기
황동 ｜ 높이 4.3cm, 손잡이 2.7cm, 가로 5.9cm, 세로 5.9cm
통도사성보박물관 소장

———

Brass seal ｜ Late Joseon
Museum of Tongdosa Temple
H. 4.3cm, Handle. 2.7cm, W. 5.9 × 5.9cm

'방위사통(防僞私通)'은 조선시대 아전끼리 주고 받던
공문(公文)을 말한다.
아전들이 상급관청에 공문을 보낼 때에 '방위(防僞)'라
는 두 글자를 쓰거나 찍어 사서(私書)가 아님을 표시한
데서 유래되었다.

09   **'방위'자 인**
     '防僞'字 印

조선 후기
나무 | 높이 8.6cm, 손잡이 4.5cm, 가로 5.7cm, 세로 10.0cm
통도사성보박물관 소장
———
Wooden stamp marked "Bangwe" (Indicating an Official Document Form) | Late Joseon
Museum of Tongdosa Temple
H. 8.6cm, Handle. 4.5cm, W. 5.7 × 10.0cm

10 인장함
印章函

조선 후기
나무, 상어가죽, 황동 ㅣ 높이 21.0cm, 가로 17.0cm, 세로 17.0cm
경상남도 유형문화재
통도사성보박물관 소장

———

Wooden seal box decorated with Sharkskin and Brass ㅣ Late Joseon
Gyeongsangnam-do Tangible Cultural Properties
Museum of Tongdosa Temple
H. 21.0cm, W. 17.0 × 17.0cm

함은 나무틀에 사어피(鯊魚皮: 상어 가죽)로 덮고, 접합 부분은 황동으로 만든 꽃모양의 이음새를 부착하였다. 앞면에 자물쇠가 있고 양 옆에도 고리가 있다. 함과 함께 불종찰원장인(佛宗刹院長印), 신흥사승통인(新興寺僧統印), 총섭신장(總攝信章), 경상남도수사찰지인(慶尙南道首寺刹之印), 불법공덕(佛法功德) 인장, 귀구화상도서(歸舊和尙圖書) 인장이 경상남도 유형문화재로 지정되었다.

11   인장함
印章函

조선(1633년)
나무, 상어가죽, 철 Ⅰ 높이 34.1cm, 가로 30.0cm, 세로 30.0cm
통도사성보박물관 소장
——
Wooden seal box decorated with Sharkskin and Iron Ⅰ Joseon(1633)
Museum of Tongdosa Temple
H. 34.1cm, W. 30.0 × 30.0cm

나무틀에 사어피(鯊魚皮: 상어 가죽)로 덮고, 접합 부분의 테두리를 톱니모양 철판을 띠처럼 둘러 부착했다. 함의 철로 만든 테두리와 자물쇠, 경첩은 그 내부를 꽃모양과 박쥐모양으로 잘라내어 장식했으며, 앞면에 철판을 잘라 '인신(印信)' 두 글자를 부착했다. 측면 양쪽의 고리는 3겹의 꽃모양 장식과 함께 부착되어 있고, 뚜껑의 손잡이도 3겹의 꽃모양 장식 가운데를 14면 체 주사위가 부착된 모양으로 만들었다. 뚜껑 내부에 '1633년 7월에 이등(李等)이 만들었다(崇禎六年七月日李等造)'는 묵서 가 쓰여있다.

12   인장함
印章函

조선 후기
나무, 상어가죽, 황동 ｜ 높이 27.0cm, 가로 22.6cm, 세로 22.9cm
통도사성보박물관 소장

Wooden seal box decorated with Sharkskin and Brass ｜ Late Joseon
Museum of Tongdosa Temple
H. 27.0cm, W. 22.6 × 22.9cm

인장함은 나무로 틀을 짜 사어피(鯊魚皮: 상어 가죽)를 덮고, 테두리에는 황동 판을 띠처럼 둘러 부착했다. 함의 앞면에 황동
판을 잘라 만든 '인신(印信)' 두 글자를 부착했고, 측면은 양쪽에 위아래로 손잡이와 고리가 달려있다. 뒷면에는 'ㅁ'자 고리로
연결된 경첩이 달려있고, 뚜껑의 손잡이는 14면체 주사위 모양으로 만들어 부착했다.

13 인장함

印章函

조선 후기
나무, 황동 ㅣ 높이 28.0cm, 가로 19.8cm, 세로 19.6cm
통도사성보박물관 소장

—

Lacquered Wooden seal box decorated with Brass ㅣ Late Joseon
Museum of Tongdosa Temple
H. 28.0cm, W. 19.8 × 19.6cm

나무로 틀을 짜고 옻칠한 뒤 접합 부분은 테두리마다 삼각형 모양의 황동으로 만든 이음새를 3개씩 부착하여 만들었다. 측면
은 양쪽에 위아래로 고리가 2개씩 달려있고, 바닥 면에는 네 귀퉁이에 굽이 달려있다. 뚜껑의 대각 모서리는 황동 판을 띠처럼
둘렀으며, 손잡이는 꽃봉오리 모양으로 만들어 부착했다.

14 통도사사적약록
通度寺事蹟略錄

조선(1736년)
종이 ｜ 가로 22.0cm, 세로 31.6cm
송광사성보박물관 소장

——

Historical Record of Tongdosa Temple ｜ Joseon(1736)
Museum of Songgwangsa Temple
W. 22.0 × H. 31.6cm

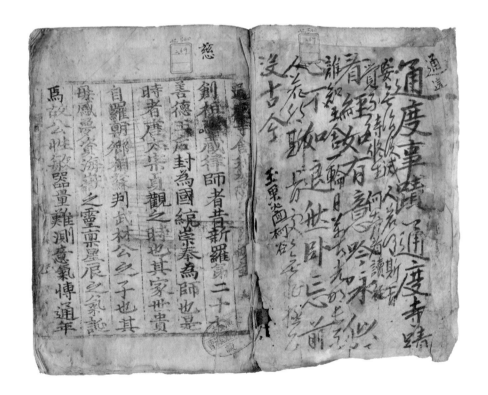

이 책은 양산 통도사와 함양 영각사에 관한 내용을 담은 사적기로, 사찰의 창건 연원 및 여러 사건 등의 내용을 담고 있다. 통도사사적약록에는 1642년 가을 동림 퇴은(東林退隱)스님이 쓴 발跋이 있고, 영각사사적에는 무경 자수(無竟子秀, 1664-1737) 스님이 쓴 글과 1736년 봄에 개간되었다는 기록이 남아 있다. 책의 첫 장에 송광사인(松廣寺印)이 날인되어있다.

15 흥국사 첩정

興國寺 牒呈

조선(1754년)
종이 ㅣ 가로 52.0cm, 세로 44.2cm
통도사성보박물관 소장

———

Documents sent from Heungguksa Temple to Suncheon Military Camp, Yeosu ㅣ Joseon(1754)
Museum of Tongdosa Temple
W. 52.0 × H. 44.2cm

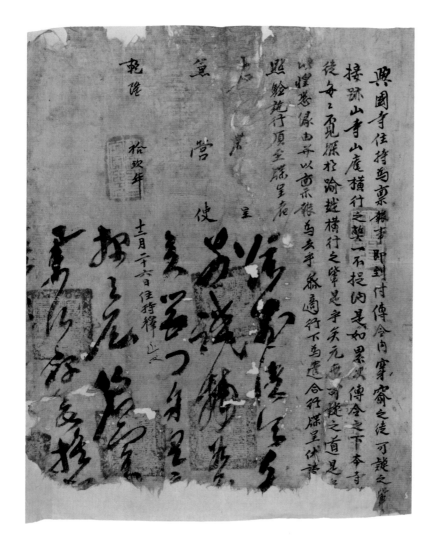

승계보인

순천겸영장인

興國寺住持特爲稟報事 卽到付傳令內 穿窬之徒可疑之輩
接跡山寺山庵 橫行之弊 一不捉納是如 累次傳令之下 本寺[僧]
徒 每每覓探於踰越橫行之輩是乎矣 元無可疑之道[1]是[乎等]
以 惺恐緣由幷以 稟報爲去乎 參適[2]行下爲遣 合行牒呈伏請
照驗施行 須至牒呈者
右牒呈
兼營使
乾隆拾玖年 十二月二十六日[3]住持釋 (수결) [僧戒寶印]

【題辭】
依前傳令 [各]
別譏捕爲■
矣 營門自有[覓]
探之道 着實
擧行 俾無推■…■
[順天兼營將印][4]

홍국사 주지가 특별히 보고하는 일입니다. 오늘 접수된 전령(傳令)[5]의
내용에 따르면 도둑떼로 의심되는 무리가 산속의 절과 암자에 발을 붙
이고 횡행하는 폐단이 있으나 하나도 잡아들이지 못한지라, 여러 차례
본사 승도에게 전령을 내려 매번 경계를 넘어 횡행하는 무리들을 찾아
내라고 하셨으나, 원체 의심할 만한 무리가 없으므로 황공하오나 이러
한 연유를 아울러 보고하오니 헤아리시어 지시해 주십시오. 절차대로
첩정을 올리니 이 문서에 비추어 시행해 주시기 바랍니다.
반드시 첩정을 송달하도록 할 것.
우(右) 첩정(牒呈)
겸영사(兼營使)[6]
전에 보낸 전령에 따라
각별히 기포(譏捕)하도록 하되,
영문에서도 자체적으로
수색할 방법이 있으니 착실히
거행하여 미루는 일이 없도록 하라.

1　徒의 誤記로 추정됨.

2　商의 誤記

3　乾隆拾玖年 : 1754年. 甲戌年. 영조 30년

4　순천진영장의 인장으로 보임.

5　명령을 전달한다는 의미와 전령문서의 의미 두 가지가 있
다.(박경수, 「조선시대 전령 문서 연구」, 한국학중앙연구원
한국학대학원 석사학위논문, 2015. 참조.)

6　첩정 문서의 투식으로 '이 첩정을 겸영사께 보냅니다.'의
의미.(김완호, 「조선시대 첩정 연구」, 한국학중앙연구원 한
국학대학원 석사학위논문, 2011. 참조.)

16　송광사 승려 정준 소지
松廣寺 僧 正俊 所志

조선(1833년)
종이 | 가로 61.8cm, 세로 35.2cm
통도사성보박물관 소장
—
Petition sent to the government office by Monk Jeong Jun of
Songgwangsa Temple, Suncheon | Joseon(1833)
Museum of Tongdosa Temple
W. 61.8 × H. 35.2cm

松廣寺 僧 正俊[7]
右謹陳所志事段 矣僧杳庫三斗落 在於住巖面栗前坪是乎所 所在舊文券 中間
火灾燒燼 從後無可考之跡 故兹敢仰訴爲白去乎
參商教是後 特爲立旨成給 後考次 題下之地 千萬行下爲白只爲
行下向教是事
使道主 處分(수결)
癸巳[8] 正月 日

【題辭】
憑後次 立
旨成給
事 十六日
行使[署押]

송광사 승(僧) 정준(定俊)
삼가 소지를 아뢰는 사연은 다음과 같습니다. 저의 논 3마지기가
주암면(住巖面) 율전평(栗前坪)에 있는데, 그 땅문서[9]가 중간에
화재로 타버려 나중에 상고할 자취가 없어졌습니다. 그러므로 이
에 감히 우러러 호소하오니, 헤아리신 뒤에 특별히 입지(立旨)[10]
를 성급하시어 뒷날의 증빙을 위해 제사(題辭)를 내려 주시기를
천만번 바라옵니다.
명령하실 일입니다.
사또주께서 처분하소서.

【제사】
후일의 증빙을 위해 입지를 성급할 일이다.
16일.
행사(行使)[서압]

7　正俊 : 鶴松正俊. 계보는 楓岩世察-默庵最訥-處松湜敏
　　-鏡潭進玄-鶴松正俊. 1802.봄. 松廣寺 曹溪門 重建 時
　　化主「송광사지」. 德峰正俊은 1883.7.6.~1963.1.28.
　　이므로 시대가 맞지 않음.
8　癸巳 : 1833년. 순조 33년.
9　본문의 구문권(舊文券)은 토지의 이전 소유내력을 증빙
　　하는 문서를 뜻한다.
10　임진왜란 이후 발생한 공증문서로, 입지를 청구하는 소
　　지에 제사를 적는 것만으로 발급절차가 완료되는 간략
　　한 형태의 증빙문서이다.

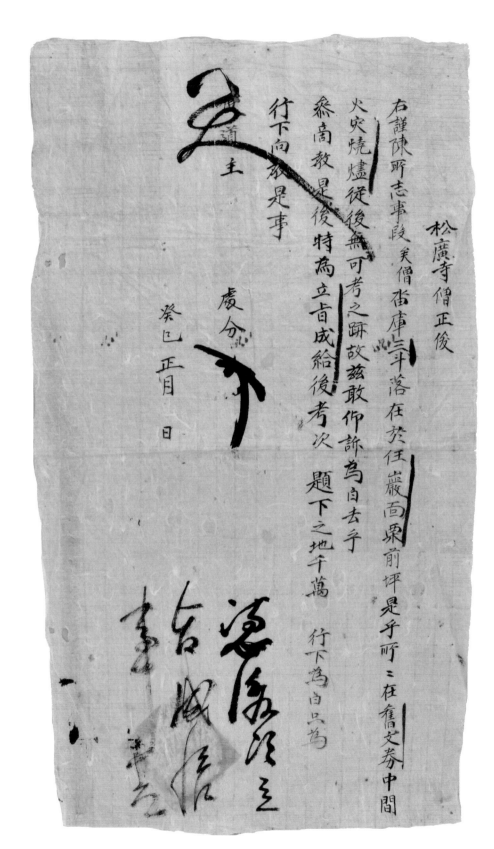

松廣寺僧正俊

右謹陳所志事段 矣僧掌庫三斗落在於住巖百果前坪是乎所三在舊文券中間

火災燒燼從後無可考之蹟故玆敢仰訴爲白去乎 行下爲白只爲

叅商教是後特爲立旨成給後考次 題下之地千萬

行下向教是事

　　　　慶分 下

道主

癸巳正月　日

17   경문스님 호계첩

景文 護戒牒

일제강점기(1924년)
종이 | 가로 50.2cm, 세로 37.1cm
통도사성보박물관 소장
———
Hogyecheop (Document on observance of religious precepts) | Japanese colonial period(1924)
Museum of Tongdosa Temple
W. 50.2 × H. 37.1cm

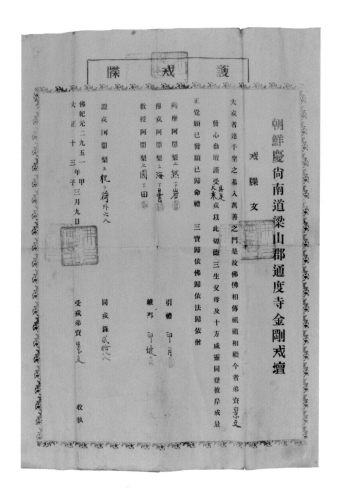

1924년 3월 9일 통도사 금강계단에서 수계식 뒤에 경문(景文)스님에게 발행한 계첩이다. 계를 주는 스님으로 해담(海曇)·연암(然岩)·원전(圓田)스님, 수계를 증명하는 스님으로 침하(枕荷)스님 등이 쓰여 있다.
문서의 상단과 중단 좌우에 불법승인(佛法僧印)이 날인되어있다.

불법승인(佛法僧印)

18　경봉스님 포교사 임명장

鏡峰靖錫 任命狀

일제강점기(1913년)
종이 | 가로 32.7cm, 세로 42.0cm
통도사성보박물관 소장

Certificate of appointment as a Dharma propagation | Japanese colonial period(1913)
Museum of Tongdosa Temple
W. 32.7 × H. 42.0cm

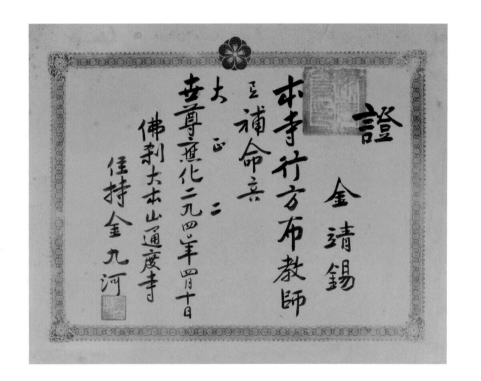

통도사인(通度寺印)

통도사주지인(通度寺住持印)

1913년 경봉(金靖錫, 鏡峰 靖錫, 1892~1982)스님을 통도사 순회포교사로 임명하는 문서이다. 당시 통도사의 주지는 구하(金九河, 九河 天輔, 1872~1965)스님이었다. 통도사인(通度寺印)과 통도사주지인(通度寺住持印)이 날인되어있다.

일제강점기 해인사 전경 국립중앙박물관 소장, 유리 건판 사진

Ⅱ

법보종찰
해인사의 인장

19 불법승보

佛法僧寶

조선(1457년)
청동 ǀ 높이 7.6cm, 손잡이 5.7cm, 가로 8.0cm, 세로 8.1cm
해인사성보박물관 소장

———

Bronze seal inscribed with 'Triratna: Buddha, Dharma, Sangha' ǀ Joseon(1457)
Museum of Haeinsa Temple
H. 7.6cm, Handle. 5.7cm, W. 8.0 × 8.1cm

인장의 몸통에 선각(線刻)으로
'천순원년(1457, 세조 3년) 팔월일 만듦(天順元年八月日造)'이 새겨져 있다.

20 합천 해인사 원당암 목조아미타여래삼존상 불상복장기문

陝川 海印寺 願堂庵 木造阿彌陀如來三尊像 佛像腹藏記文

조선(1694년)
보물
종이 ㅣ 가로 177.5cm, 세로 38.6cm
해인사성보박물관 소장

Record of Amitabha Buddha's repainting of the Wondangam Hermitage in Haeinsa Temple ㅣ Joseon(1694)
Treasure
Museum of Haeinsa Temple
W. 177.5 × H. 38.6cm

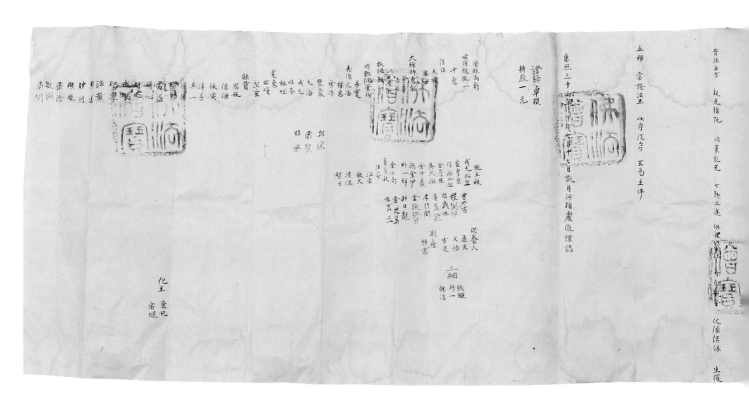

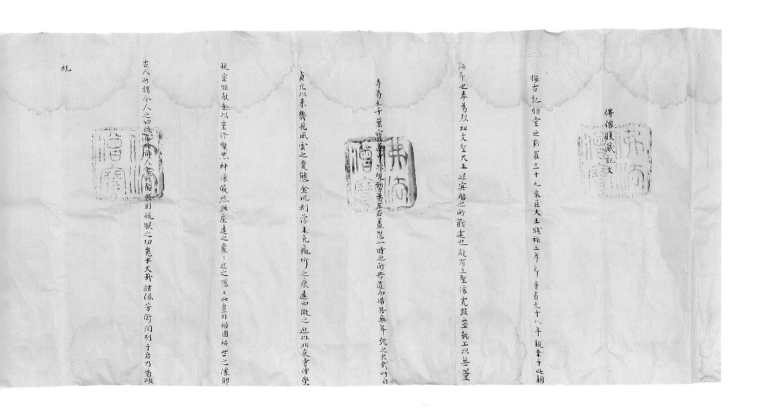

해인사 원당암 목조아미타여래삼존상은 해인사 경내 부속 암자인 원당암(願堂庵)의 보광전(普光殿)에 봉안된 불상으로 아미타여래, 관음보살과 지장보살의 아미타삼존으로 구성된 불상으로 15세기에 조성되었다. 2020년 삼존불상과 함께 복장유물 8건 23점이 보물로 지정되었으며, 이 불상복장기문은 아미타불상에서 발견되었다.

이 문서에는 원당암의 연혁과 함께 불상을 새로 중수 개금한다는 것으로 감독으로 탁근(卓根)스님, 시주에 계윤(戒允), 신우(信祐), 보익(普益)스님을 비롯하여 15명의 신도들이 참여하였고, 불상의 중수개금은 법잠(法岑)스님 등 5명이 맡았다는 내용이 적혀 있다. 처휘(處徽)스님이 찬한 기문에는 '불법승보(佛法僧寶)' 인장이 7군데 날인되어있다.

21 　대법보종찰해인사명월당기

大法寶宗刹海印寺明月堂記

미군정기(1947년)
종이 ｜ 가로 265.9cm, 세로 101.3cm
해인사성보박물관 소장

Historical Record of Myeongwoldang Hall in Haeinsa Temple ｜
U.S Military Government in Korea(1947)
Museum of Haeinsa Temple
W. 265.9 × H. 101.3cm

불법승보인

해인사인

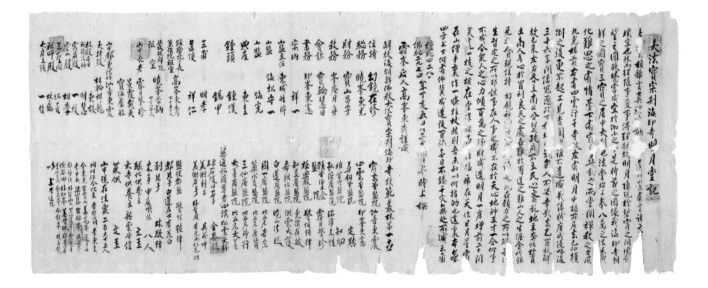

1947년 5월에 해인사 명월당을 새로 조성한 일을 기록한 문서이다. 당시 주지(住持)는 환경
재수(幻鏡在修)스님, 감역도감(監役都監)은 경성 덕률(警性德律)스님, 도편수(都片手)는 이화
백(李花白), 부편수(副片手)는 임경률(林敬律)이고, 고봉 동수(高峯東秀)스님이 글을 썼다. '해
인사인(海印寺印)' 인장이 4번, '불법승보(佛法僧寶)' 인장이 6번 문서의 상·중·하단에 정렬해
서 날인되어있다.

大法寶宗刹海印寺明月堂記

土此真相離言真理環言勅　真俗絕言語之

壞空也絃而理隨事變事得理勸故明月億現於碧宵之間因其
碧宵之圓鐵林燒宮威空於伽山之上是時嘗之圓緣我海印寺朝
鮮之國寶三寶貞之居中大刹也法堂始上奉八萬之法藏

化難思之有情臺下有寬云　華鈴之兩堂闡禪教之古風
九光樓前右有四雲行于寺後左有明月中樞所居去已印顛
倒之後更不起工見者聞　誰不遺感哉倭賊侵略後
三十六年間倭冠惡政下紛坊地高麗人不若辛教去乙酉秋解
放已來左右各立南北分裂政府不立民心交素亂地主奔忙松檜賞
土高人与心於冒利良民之處古難於蜀道之難山人之生涯貪於錐
宪之人貞現住持　幻鏡和尚以此心力延凡世預力之所以郎是耶
生習定之所以邪謀事在人事之咸不在於天心地神王才一合何事
不戚合衆人之心力傾百萬之淨財威造明月一房增其前三千間
実送一支之粱主堂卞梁室卞畵高主三之東

22   법종찰총섭인

法宗刹摠攝印

조선 후기
황동 ｜ 높이 8.1cm, 손잡이 6.4cm, 가로 7.7cm, 세로 7.7cm
해인사성보박물관 소장

———

Brass seal inscribed with 'Abbot of the Dharma Jewel Monastery: Haeinsa Temple' ｜ Late Joseon
Museum of Haeinsa Temple
H. 8.1cm, Handle. 6.4cm, W. 7.7 × 7.7cm

23　해인사인
　　海印寺印

조선 후기
황동 │ 높이 5.1cm, 손잡이 4.7cm, 가로 6.1cm, 세로 6.1cm
해인사성보박물관 소장
———
Brass seal inscribed with 'Haeinsa Temple' │ Late Joseon
Museum of Haeinsa Temple
H. 5.1cm, Handle. 4.7cm, W. 6.1 × 6.1cm

24 독성각연혁기

獨聖閣沿革記

일제강점기(1939년)
종이 ㅣ 가로 166.5cm, 세로 103.9cm
해인사성보박물관 소장

———

Historical Record of Dokseonggak Hall in Haeinsa Temple ㅣ Japanese colonial period(1939)
Museum of Haeinsa Temple
W. 166.5 × H. 103.9cm

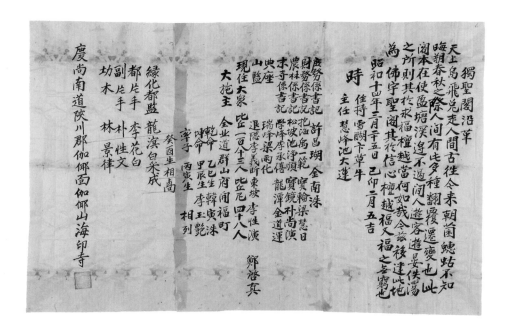

1939년 3월 35일에 해인사 독성각을 새로 조성한 일을 기록한 문서이다. 당시 주지(住持)는 설호 초우(雪醐草牛)스님, 연화도감(緣化都監)은 용명 채성(龍溟采成)스님, 도편수(都片手)는 이화백(李花白), 부편수(副片手)는 박성문(朴性文)이다. 대시주(大施主)는 전북 군산 사람 한인수(韓寅洙)와 부인 이옥염(李玉艶), 아들 상열(相列)과 상설(相高)이다. 당시 사찰에 거주하던 대중은 비구 183인, 비구니 48인이었다. 문서의 말미에 해인사인(海印寺印)이 날인되어있다.

25　운수단가사

雲水壇歌詞

조선(1719년)
종이 | 가로 21.8cm 세로 31.6cm
해인사성보박물관 소장

———

Unsudan-gasa(Book of Buddhist rituals) | Joseon(1719)
Museum of Haeinsa Temple
W. 21.8 × H. 31.6cm

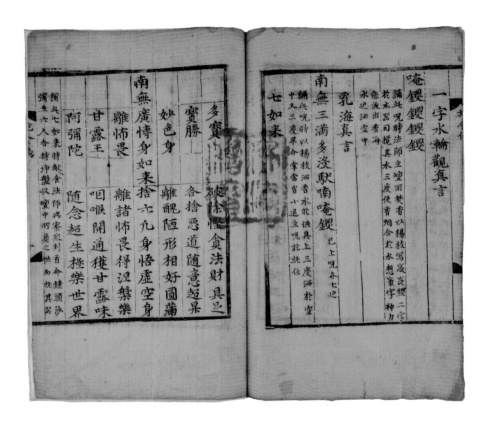

조선시대 서산대사 휴정(淸虛 休靜, 1520~1604)스님이 편찬한 불교의식집이다. 종래의 헌공
의식문(獻供儀式文)을 선(禪)의 입장에서 개찬(改撰)한 것으로 1605년 해인사, 1607년 순천
송광사에서 개간된 이래 여러 차례 판각되었다. 이 책은 상위인 제불보살(諸佛菩薩)과 중위인
삼부제대성중(三部諸大聖衆), 하위인 귀신을(鬼神) 청하여 헌공하는 내용을 서술하고 있다.
불법승보(佛法僧寶) 인장이 날인되어있다.

26   경상우도수사찰지인
慶尙右道首寺刹之印

조선 후기
황동 | 높이 6.3cm, 손잡이 5.0cm, 가로 5.1cm, 세로 5.1cm
해인사성보박물관 소장

Brass seal inscribed with 'District Head temple of West Gyeongsang-do provinces' | Late Joseon
Museum of Haeinsa Temple
H. 6.3cm, Handle. 5.0cm, W. 5.1 × 5.1cm

27   경상우도도승통인
      慶尙右道都僧統印

조선 후기
청동 | 높이 7.1cm, 손잡이 5.7cm, 가로 6.2cm, 세로 7.9cm
해인사성보박물관 소장

Bronze seal inscribed with 'Abbot of District Head temple of West Gyeongsang-do provinces' | Late Joseon
Museum of Haeinsa Temple
H. 7.1cm, Handle. 5.7cm, W. 6.2 × 7.9cm

28   가야산해인사고적

伽倻山海印史古蹟

조선(1598년)
종이 | 가로 21.8cm, 세로 27.1cm
송광사성보박물관 소장

——

Historical Record of Haeinsa Temple / Joseon(1598)
Museum of Songgwangsa Temple
W. 21.8 × H. 27.1cm

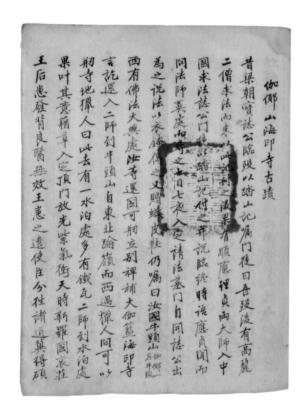

이 책은 합천 해인사의 창건 연원과 대장경 인경과 관련된 여러 사실, 최치원이 쓴 「신라가야산해인사선안주완벽기(新羅伽倻山海印寺善安住完璧記)」의 내용을 담고 있다. 특히 세조 3년(1457년) 왕명으로 50부를 인경하여 전국 여러 사찰에 배포했는데, 사용된 물품의 목록 및 조달한 내용 등이 상세하게 기재되어 있다. 경상우도도승통인(慶尙右道都僧統印)이 책 표지와 내지 첫 장에 날인되어있다.

29   경우도섭리장
慶右道攝理章

조선 후기
황동 | 높이 4.8cm, 손잡이 3.7cm, 가로 2.8cm, 세로 2.9cm
해인사성보박물관 소장

———

Brass seal inscribed with 'Abbot of District Head temple of West Gyeongsang-do provinces' / Late Joseon
Museum of Haeinsa Temple
H. 4.8cm, Handle. 3.7cm, W. 2.8 × 2.9cm

30   다솔사승통인

多率寺僧統印

조선 후기
청동 | 높이 8.0cm, 손잡이 7.0cm, 가로 6.7cm, 세로 8.1cm
해인사성보박물관 소장

─────

Bronze seal inscribed with 'Abbot of Dasolsa Temple', Sacheon | Late Joseon
Museum of Haeinsa Temple
H. 8.0cm, Handle. 7.0cm, W. 6.7 × 8.1cm

사천 다솔사(多率寺)

소재지   경상남도 사천시 곤명면 용산리 86

연 혁   503년(지증왕 4) 연기조사(緣起祖師)가 창건하여 '영악사(靈嶽寺)'라 하였고, 636년(선덕여왕 5) 건물 2동을 신축하고 다솔사로 개칭하였다. 676년(문무왕 16) 의상(義湘) 대사가 다시 '영봉사(靈鳳寺)'라고 고쳐 부른 뒤, 신라 말기 도선(道詵) 국사가 중건하고 다솔사라고 하였다. 1326년(충숙왕 13) 나옹(懶翁)스님이 중수하였고, 조선 초기에 영일·효익스님 등이 중수하였으며, 임진왜란의 병화로 소실돼 폐허가 되었던 것을 1686년(숙종 12) 복원하였다. 1748년(영조 24) 화재로 당우 대부분이 소실되었으나, 1758년(영조 34) 명부전·생왕문·대양루 등을 중건하였다. 현재의 건물은 대양루를 제외하고 1914년 화재로 소실된 것을 이듬해 재건한 것이다.

31   단속사주지인
　　　斷俗寺住持印

조선 후기
청동 ┃ 높이 6.1cm, 손잡이 4.9cm, 가로 5.7cm, 세로 7.6cm
해인사성보박물관 소장

———

Bronze seal inscribed with 'Abbot of Dansoksa Temple', Sancheong ┃ Late Joseon
Museum of Haeinsa Temple
H. 6.1cm, Handle. 4.9cm, W. 5.7 × 7.6cm

인장의 첫글자는 기존에 '신(信)'자로 판독했으나 이 도록에서는 '단(斷)'자로 보았다.

산청 단속사(斷俗寺)

소재지　경상남도 산청군 단성면 운리

연　혁　748년(경덕왕 7) 대나마 이순(李純)이 창건했다는 설과 763년(경덕왕 22) 신충(信忠)이 창건
하였다는 설이 있다. 1424년(세종 6)에는 선종(禪宗)에 속해 원속전이 2백결, 거주하는 승려
가 1백명이었다고 한다.
　　폐사 연대는 정확히 전해지지 않고 있으며, 현재 절터에는 보물 단속사지동서 삼층석탑을 비
롯해 금당지와 강당지 등 초석이 그대로 남아 있어 신라시대의 가람배치를 짐작할 수 있다.
　　과거에는 경내에 813년(헌덕왕 5)에 세운 신행선사비(神行禪師碑), 1148년(의종 2) 이 절에
들어와 1159년(의종 13)에 입적한 탄연(坦然: 大鑑國師)의 영당(影堂)과 비, 그리고 최치원의
독서당이 있었다.

32 **법수사주지인**

　　法水寺住持印

조선 후기
청동 | 높이 6.7cm, 손잡이 5.2cm, 가로 5.8cm, 세로 7.1cm
해인사성보박물관 소장

Bronze seal inscribed with 'Abbot of Beopsusa Temple', Seongju | Late Joseon
Museum of Haeinsa Temple
H. 6.7cm, Handle. 5.2cm, W. 5.8 × 7.1cm

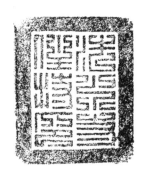

인장의 몸통에 침서(針書)로 '법수사주지인(法水寺住持印)'을 새겨 놓았다.

성주 법수사(法水寺)

소재지   경상북도 성주군 수륜면 백운리

연 혁   802년(애장왕 3)에 창건하여 금당사(金塘寺)라 하였으며, 신라가 망하자 경순왕의 왕자 범공(梵空)이 승려가 되어 이 절에 머물렀다.

고려 중기에 절을 중창하고 법수사로 개칭하였으며, 임진왜란 이후에 폐사가 된 뒤 복원하지 못하였다. 전성기에는 구금당(九金堂)·팔종각(八鐘閣) 등 1,000여칸이 넘는 건물이 있었다 하며, 지금도 곳곳에 석탑·당간지주·주춧돌 등이 남아있다. 또 부속암자도 100여개에 이르렀다고 하나 남아 있는 것은 없다.

18세기 중엽 작성된 『여지도서(輿地圖書)』에 가야산 아래 있다고 한 것으로 보아 이 즈음에도 법등이 꺼지지 않고 이어졌던 것으로 보인다.

33 수다사승통인

水多寺僧統印

조선 후기
황동 ┃ 높이 8.2cm, 손잡이 6.6cm, 가로 6.7cm, 세로 8.0cm
해인사성보박물관 소장

———

Brass seal inscribed with 'Abbot of Sudasa Temple', Gumi ┃ Late Joseon
Museum of Haeinsa Temple
H. 8.2cm, Handle. 6.6cm, W. 6.7 × 8.0cm

구미 수다사(水多寺)

소재지   경상북도 구미시 무을면 상송

연 혁   신라 문성왕 때에 진감국사(眞鑑國師, 774-850)가 연악산 상봉인 미봉(彌峯)에 백련(白蓮)
한 송이가 피어 있는 것을 보고 절을 창건하여 '연화사(淵華寺)'라 하였다. 967년(광종 18)에
화재로 인해 극락전과 청천료(淸泉寮)를 제외한 모든 건물이 소실되었다.
1185년(명종 15)에 각원(覺圓)이 금강문(金剛門) 등 3문(門)을 세우고 극락전과 청천료를 옮
겨지었으며, 비로전(毘盧殿)·나한전(羅漢殿)·시왕전(十王殿)·미륵전(彌勒殿)·봉황루(鳳凰
樓)와 방사(房舍) 24개, 수선사(修禪社) 등을 신축하고 절 이름을 성암사(聖巖寺)라 하였다.
1273년(원종 14) 대수해로 극락전·시왕전·청천료만 남고 모두 유실되었으며, 1572년(선조
5)에 사명당(泗溟堂)이 극락전을 중수한 뒤 대웅전이라 개칭하였다. 그러나 1704년(숙종 30)
의 화재로 현존하는 건물만 남고 모두 소실되었다.

34   **쌍계사주지인**
         雙溪寺住持印

조선 후기
청동 ㅣ 높이 5.9cm, 손잡이 4.4cm, 가로 5.8cm, 세로 7.5cm
해인사성보박물관 소장

———

Bronze seal inscribed with 'Abbot of Ssanggyesa Temple', Gimcheon ㅣ Late Joseon
Museum of Haeinsa Temple
H. 5.9cm, Handle. 4.4cm, W. 5.8 × 7.5cm

김천 쌍계사(雙溪寺)

소재지   경북 김천시 증산면 유성리 옥동마을 일대

연 혁   도선국사가 850년(문성왕 12)에 창건한 것으로 알려졌으며 1951년 빨치산 토벌 과정에서
불에 타 지금은 주춧돌과 승탑이 남아 이곳이 쌍계사였음을 알려주고 있다.
현재 증산면사무소가 들어서 절터 인근에는 1703년(숙종 29) 조성된 모운 진언(慕雲 震言,
1622-1703)의 승탑과 자헌대부 경월장로 태감공덕비(資憲大夫鏡月長老泰鑑功德碑, 1769
년)가 남아 있다.

35   **안정사승통인**
　　安靜寺僧統印

조선 후기
청동 ㅣ 높이 6.9cm, 손잡이 5.7cm, 가로 5.8cm, 세로 7.4cm
해인사성보박물관 소장

———

Bronze seal inscribed with 'Abbot of Anjeongsa Temple', Tongyeong ㅣ Late Joseon
Museum of Haeinsa Temple
H. 6.9cm, Handle. 5.7cm, W. 5.8 × 7.4cm

통영 안정사(安靜寺)

소재지   경상남도 통영시 광도면 안정리 1888

연 혁   654년(태종무열왕 1)에 원효대사(元曉大師)가 창건하였고, 한때는 14방(坊)의 당우를 갖춘
전국 굴지의 사찰이었다고 전한다. 1309년(충선왕 1)에 회월선사(會月禪師)가 중건한 뒤,
1626년(인조 4)과 1733년(영조 9), 1841년(헌종 7)·1880년(고종 17)에 중수와 중건이 있었
다. 1950년대에는 송설호(宋雪虎)스님이 이곳에 와서 끊임없이 중건해 이 절을 법화종에서
가장 큰 사찰로 만들었다.

36   엄천사주지인
　　　嚴川寺住持印

조선 후기
청동 ｜ 높이 6.1cm, 손잡이 4.7cm, 가로 6.1cm, 세로 7.9cm
해인사성보박물관 소장

Bronze seal inscribed with 'Abbot of Eomcheonsa Temple', Hamyang ｜ Late Joseon
Museum of Haeinsa Temple
H. 6.1cm, Handle. 4.7cm, W. 6.1 × 7.9cm

함양 엄천사(嚴川寺)

소재지　　경남 함양군 휴천면 남호리

연　혁　　「해동조선 강우천령군 지리산엄천사 흥폐사적(海東朝鮮江右天嶺郡智異山嚴川寺興廢事
　　　　　蹟)」에 따르면 신라 헌강왕때 결언(決言)선사가 창건한 것이라고 전한다. 또한 1128년(인
　　　　　종 6년) 성선(性宣)스님이 중건하였지만 임진왜란때 소실되었다. 이후 1690년(숙종 16)에
　　　　　다시 중건했다가 이후 폐사되었다. 정확한 폐사시기는 알려져 있지 않지만 이덕무(李德懋,
　　　　　1741~1793)의 『청장관전서(靑莊館全書)』에는 1783년(정조 7) 6월에 두류산(頭流山, 지리
　　　　　산)을 구경갔다가 엄천사(嚴川寺)에서 쉬었다는 기록이 남아 있어 18세기 후반에도 법등을
　　　　　유지했던 것으로 보인다.
　　　　　현재 절터는 동호마을이 들어서 있고 인근에 '계화당 천휘화상탑(桂華堂 天暉和尙塔) 등'이
　　　　　남아 있다.

37   용흥사총섭인
　　　龍興寺摠攝印

조선 후기
청동 ┃ 높이 8.4cm, 손잡이 6.8cm, 가로 5.5cm, 세로 6.3cm
해인사성보박물관 소장
――――
Bronze seal inscribed with 'Abbot of Yongheungsa Temple', Changnyeong ┃ Late Joseon
Museum of Haeinsa Temple
H. 8.4cm, Handle. 6.8cm, W. 5.5 × 6.3cm

창녕 용흥사(龍興寺)

소재지   경남 창녕군 성산면 대산리

연 혁   『한국사찰사전』에 따르면 처음 창건된 때는 알 수 없으며, 조선 1872년(고종 9) 김장권(金壯
         權)이 중건했다고 전한다. 다른 연혁은 특별히 알려진 바가 없지만 영조 때의 학자인 수산 이
         종휘(李種徽 : 1731 ~ 1797)의 시문집 『수산집(修山集)』에는 1752년(영조 28) 8월 창녕 북
         쪽의 용흥사를 유람했다는 기사가 실려 있는 것으로 보아 18세기 중반까지 사세를 유지하고
         있었던 것으로 보인다.
         한편 밀양 표충사에 소장된 '대정17년명(大定十七年銘, 1177)' 청동은입사향완에 '창녕 북면
         용흥사(昌寧北面龍興寺)'라는 명문이 있어 용흥사가 고려시대에도 존속했던 사찰임이 확인
         된다. 현재 절터는 2022년 불교문화재연구소에서 발굴 조사를 실시한 바 있다.

38 청곡사주지인
青谷寺住持印

조선 후기
청동 | 높이 6.9cm, 손잡이 5.4cm, 가로 5.8cm, 세로 7.2cm
해인사성보박물관 소장

———

Bronze seal inscribed with 'Abbot of Chunggoksa Temple', Jinju | Late Joseon
Museum of Haeinsa Temple
H. 6.9cm, Handle. 5.4cm, W. 5.8 × 7.2cm

진주 청곡사(靑谷寺)

소재지　경상남도 진주시 금산면 갈전리 18

연　혁　879년(헌강왕 5) 도선국사(道詵國師)가 창건하였다고 전해지고 있으며, 1380년(우왕 6) 실상
　　　　사(實相寺)의 상총(尙聰)스님이 중건하였다. 이후 임진왜란 때 완전히 소실되었던 것을 1602
　　　　년(선조 35)에 계행(戒行)과 극명(克明)이 중건하였다. 1612년(광해군 4) 대웅전을 중건하였으
　　　　며, 2008년에 성보박물관을 건립하고 2017년에 선불장을 복원해 오늘에 이르고 있다.

39 **청암사승통인**
　　　　靑巖寺僧統印

조선 후기
청동 ㅣ 높이 7.3cm, 손잡이 6.1cm, 가로 6.5cm, 세로 8.0cm
해인사성보박물관 소장

———

Bronze seal inscribed with 'Abbot of Cheongamsa Temple', Gimcheon ㅣ Late Joseon
Museum of Haeinsa Temple
H. 7.3cm, Handle. 6.1cm, W. 6.5 × 8.0cm

김천 청암사(靑巖寺)

소재지　경상북도 김천시 증산면 평촌리 688

연　혁　858년(헌안왕 2) 도선(道詵)스님이 창건하였고, 혜철(惠哲)스님이 머물기도 하였다. 조선 중
　　　　기에 의룡율사(義龍律師)가 중창하였고, 1647년(인조 25) 화재로 소실되자 벽암(碧巖)스님이
　　　　허정(虛靜)스님을 보내 중건하였다. 1782년(정조 6) 4월 다시 화재로 당우가 불타자 환우(喚
　　　　愚)와 대운(大運)스님이 20여년 후에 중건하였다. 그 뒤 1897년(고종 34)경에 폐사되어 대
　　　　중이 흩어졌다. 1900년대 초에 극락전을 건립하였지만 1911년 9월에 화재로 전각이 불타자
　　　　1912년부터 최근까지 중창불사를 거듭했다.

40   **화방사주지인**
花芳寺住持印

조선 후기
청동 | 높이 7.5cm, 손잡이 6.0cm, 가로 5.8cm, 세로 7.5cm
해인사성보박물관 소장

———

Bronze seal inscribed with 'Abbot of Hwabangsa Temple', Namhae | Late Joseon
Museum of Haeinsa Temple
H. 7.5cm, Handle. 6.0cm, W. 5.8 × 7.5cm

남해 화방사(花芳寺)

소재지   경상남도 남해군 고현면 대곡리 1448

연   혁   신라 신문왕 때 원효(元曉)대사가 창건하고 '연죽사(煙竹寺)'라 하였던 것을 고려 중기에 진각
                 국사(眞覺國師, 1178-1234)가 현재의 위치 가까이로 옮겨서 중창하고 '영장사(靈藏寺)'라 하
                 였다. 임진왜란 때 불타버렸고, 1636년(인조 14) 계원(戒元)과 영철(靈哲)스님이 현재 위치로
                 옮겨 중창하고 '화방사'라 하였다.

인장 손잡이에 '강희34년 갑술이월일(康熙三十四年甲戌二月日)',
몸통에 '고성 법천사(固城 法泉寺)'라고 침서(針書)로 새겨 놓았다.

41   법천사주지인

法泉寺住持印

조선(1694년)
청동 | 높이 6.5cm, 손잡이 5.2cm, 가로 5.6cm, 세로 7.4cm
해인사성보박물관 소장

———

Bronze seal inscribed with 'Abbot of Beopcheonsa Temple', Goseong | Joseon(1694)
Museum of Haeinsa Temple
H. 6.5cm Handle. 5.2cm W. 5.6 × 7.4cm

고성 법천사(法泉寺)

소재지　　경남 고성군 대가면 양화리 일대

연　혁　　자세한 사찰의 연혁은 남아 있지 않지만 주변에서 발견된 경남도지정 유형문화재 제 121호 석
　　　　　조여래좌상 등이 있는 것으로 보아 늦어도 통일신라때는 창건되었을 것으로 추정된다.
　　　　　조선 1407년(태종 7) 중신종(中神宗)의 자복사로 임실(任實)의 진구사(珍丘寺) 등과 함께 고성
　　　　　법천사를 지정했다. 또한 1732년(영조 8) 영남 고성현의 법천사에서 덕흥 대원군의 화상을 가
　　　　　져와 진위를 살펴보았다는 기사가 『조선왕조실록』 남아 있기도 하다. 여기에 조선말기 문신인
　　　　　오횡묵이 1895년(고종 32) 자신이 이곳에 근무할 당시 법천사가 있었다고 『총쇄록 (叢瑣錄)』
　　　　　에 기록해 놓아 늦어도 19세기말에서 20세기초까지는 사찰이 있었던 것으로 보인다.
　　　　　현재 법천사 터에는 경상남도 문화재 자료 제207호로 지정된 '고성 양화리법천사지 부도군'
　　　　　에　담연당 해담(湛然堂 海湛)대사와 영월당 조웅(影月堂 祖雄)대사, 환향당(幻香堂), 계봉화
　　　　　상(鷄峯和尙, 1707~1787), 청파당(淸波堂) 등의 승탑 8기가 법천사 흔적으로 남아있다.

42   승계보인
      僧戒寶印

조선 후기
청동 | 높이 5.7cm, 손잡이 4.8cm, 가로 5.6cm, 세로 7.3cm
해인사성보박물관 소장
———
Bronze seal inscribed with 'Religious precepts' | Late Joseon
Museum of Haeinsa Temple
H. 5.7cm, Handle. 4.8cm, W. 5.6 × 7.3cm

43　직지사 '승계보인'
　　　　直指寺 '僧戒寶印'

조선 후기
청동 | 높이 5.3cm, 손잡이 4.3cm, 가로 5.4cm, 세로 7.3cm
해인사성보박물관 소장

Bronze seal inscribed with 'Religious precepts of Jikjisa Temple', Gimcheon | Late Joseon
Museum of Haeinsa Temple
H. 5.3cm, Handle. 4.3cm, W. 5.4 × 7.3cm

인장의 몸통에 선각(線刻)으로 '직지사(直指寺)'와 '직지사인(直指寺印)'을 새겨 놓았다.

44 ‘첩’자 인
'帖'字 印

조선(1872년)
나무 | 높이 5.4cm, 손잡이 2.9cm, 가로 6.3cm, 세로 7.4cm
해인사성보박물관 소장

Wooden stamp marked "Cheop", Indicating an Official Document Form | Joseon(1872)
Museum of Haeinsa Temple
H. 5.4cm, Handle. 2.9cm, W. 6.3 × 7.4cm

‘첩’은 보통 상급관청이나 관원이 하급관청이나 관원, 또는 개인에게 주는 문서로 ‘첩帖’자 인을 찍어
사용했다. 관원을 임명하거나 임무를 주는 등 내용의 문서에 대부분 사용했다.

45 '해수'자 인
'海囚'字 印

조선 후기
철 ㅣ 높이 4.1cm, 가로 4.0cm, 세로 5.3cm
해인사성보박물관 소장

Iron stamp marked inscribed with 'Haesu' / Late Joseon
Museum of Haeinsa Temple
H. 4.1cm, W. 4.0 × 5.3cm

46   인장궤

印章櫃

조선(1772년)
나무, 황동 ｜ 높이 11.7cm, 가로 37.2cm, 세로 24.2cm
해인사성보박물관 소장

———

Lacquered Wooden seal box decorated with Brass ｜ Joseon(1772)
Museum of Haeinsa Temple
H. 11.7cm, W. 37.2 × 24.2cm

나무에 옻칠하여 직사각형으로 만들었으며, 궤의 결합은 사개물림으로 짜임새를 맞췄다. 전면에 부착되어 있는 자물쇠의 길이는 궤의 높이와 거의 비슷하며, 자물쇠 양 옆에 원두형의 구술형 장식을 부착하였다. 함 내부 뚜껑과 바닥에는 묵서가 적혀있어 제작시기와 제작자를 알 수 있다. 궤 안에 24개의 인장이 들어 있었다.

뚜껑 내부   함 바닥

뚜껑 내부 : 乾隆三十七年壬辰四月日作(1772년(영조 48) 임진 4월에 만듦)
함 바닥 : 巡營房題名記樻 壬辰秋寺僧謹學造置
        '순영방제명기궤' 임진년 가을 사승 근학이 만들어 보관하다.

47   팔각인장함

八角印章函

조선
황동 | 높이 19.0cm, 가로 17.7cm, 세로 18.0cm
해인사성보박물관 소장
———
Octagonal Brass seal box | Joseon
Museum of Haeinsa Temple
H. 19.0cm, W. 17.7 × 18.0cm

황동으로 만들어진 이함은 몸체 바닥 부분과 뚜껑의 전면을 제외한 나머지 부분에 삼각형의 이음새를 부착하였다. 뚜껑 손잡이는 연꽃 봉오리 형상이고 그 아래는 연꽃잎을 펼쳐 놓은 모습으로 장식이 부착되어 있다. 자물쇠 및 경첩, 몸체의 전체 면에는 가는 선으로 꽃 모양과 넝쿨 모양이 새겨져 있다. 자물쇠 고리는 유실된 상태이며, 함 양쪽으로 고리가 달려있다.

48　인장함

印章函

조선
나무, 황동 ｜ 높이 18.5cm, 가로 17.5cm, 세로 17.5cm
해인사성보박물관 소장

———

Lacquered Wooden seal box decorated with Brass ｜ Late Joseon
Museum of Haeinsa Temple
H. 18.5cm, W. 17.5 × 17.5cm

나무에 옻칠하여 만들었으며 테두리마다 삼각형의 황동 이음새를 부착하여 만들었다. 뚜껑 손잡이는 3겹의 꽃모양 장식 가운데를 14면체 주사위가 부착된 모양으로 만들었다. 전면에 부착된 자물쇠 판과 고리에는 가는 선으로 넝쿨 모양이 새겨져 있다. 자물쇠 고리의 길이는 함의 몸체 길이와 거의 동일하게 만들었다. 함의 양쪽으로 작은 원형의 고리가 달려있으며, 바닥에는 네 귀퉁이에 굽이 달려있다.

49　인주함

印朱函

조선 후기
철 ｜ 높이 3.1cm, 가로 7.6cm, 세로 7.6cm
해인사성보박물관 소장

———

Iron red inkpad box ｜ Late Joseon
Museum of Haeinsa Temple
H. 3.1cm, W. 7.6 × 7.6cm

철로 만든 사각 인주함으로 뚜껑은 따로 없다. 해인사인
(海印寺印)이 내부에 들어 있었다.

일제강점기 송광사 전경

Ⅲ

승보종찰
송광사의 인장

50   '불법승보' 인

'佛法僧寶' 印

조선
청동 ㅣ 높이 5.7cm, 손잡이 4.5cm, 가로 9.5cm, 세로 9.1cm
송광사성보박물관 소장

Bronze seal inscribed with 'Triratna: Buddha, Dharma, Sangha' ㅣ Joseon
Museum of Songgwangsa Temple
H. 5.7cm, Handle. 4.5cm, W. 9.5 × 9.1cm

51 승종찰원장인

僧宗刹院長印

조선
황동 ┃ 높이 8.6cm, 손잡이 6.8cm, 가로 7.3cm, 세로 7.4cm
송광사성보박물관 소장

Brass seal inscribed with 'Abbot of the Sangha Jewel Monastery: Songgwangsa Temple' ┃ Joseon
Museum of Songgwangsa Temple
H. 8.6cm, Handle. 6.8cm, W. 7.3 × 7.4cm

52   전라남도수사찰지인
全羅南道首寺刹之印

조선 후기
황동 | 높이 6.3cm, 손잡이 5.0cm, 가로 5.1cm, 세로 5.1cm
송광사성보박물관 소장
———
Brass seal inscribed with 'District Head temple of Jeollanam-do provinces' | Late Joseon
Museum of Songgwangsa Temple
H. 6.3cm, Handle. 5.0cm, W. 5.1 × 5.1cm

53 　전남도섭리장
　　　全南道攝理章

조선 후기
황동 ┃ 높이 4.4cm, 손잡이 3.3cm, 가로 2.9cm, 세로 2.8cm
송광사성보박물관 소장

———

Brass seal inscribed with 'Abbot of District Head temple of Jeonnam-do provinces' ┃ Late Joseon
Museum of Songgwangsa Temple
H. 4.4cm, Handle. 3.3cm, W. 2.9 × 2.8cm

54   송광사인
　　　松廣寺印

조선
청동 ｜ 높이 5.9cm, 손잡이 4.8cm, 가로 6.0cm, 세로 6.0cm
송광사성보박물관 소장

———

Bronze seal inscribed with 'Songgwangsa Temple' ｜ Joseon
Museum of Songgwangsa Temple
H. 5.9cm Handle. 4.8cm W. 6.0 × 6.0cm

55　사자모양
　　손잡이도장

　　獅子鈕印

고려
청동 | 높이 3.4cm, 지름 3.8cm
송광사성보박물관 소장

Lion shaped seal | Goryeo
Museum of Songgwangsa Temple
H. 3.4cm D. 3.8cm

이 인장은 인문(印文; 도장을 찍은 형적)을 알아보기 어렵게 새겨져 있고, 인뉴(印鈕; 도장 손잡이)의 모양은
사자 형태이다. 고려의 인장은 인뉴에 십이지, 도깨비, 나비 모양 등 다양한 형태를 조각한 것이 특징이다.

56 송광사주지인
松廣寺住持印

조선(1705년)
청동 | 높이 7.4cm, 손잡이 6.1cm, 가로 5.8cm, 세로 7.3cm
송광사성보박물관 소장
—
Bronze seal inscribed with 'Abbot of Songgwangsa Temple' | Joseon(1705)
Museum of Songgwangsa Temple
H. 7.4cm, Handle. 6.1cm, W. 5.8 × 7.3cm

인장 몸통에 침서(針書)로 '송광사 강희44년(松廣寺 康熙四十四年, 1705)'을 새겨 놓았다.

57   송광사총섭인

松廣寺摠攝印

조선 후기
황동 | 높이 9.1cm, 손잡이 7.6cm, 가로 5.3cm, 세로 7.0cm
송광사성보박물관 소장

———

Brass seal inscribed with 'Abbot of Songgwangsa Temple' | Late Joseon
Museum of Songgwangsa Temple
H. 9.1cm, Handle. 7.6cm, W. 5.3 × 7.0cm

58   송광사판사인

松廣寺判事印

대한제국
청동 | 높이 7.0cm, 손잡이 5.6cm, 가로 5.0cm, 세로 5.0cm
송광사성보박물관 소장

———

Bronze seal inscribed with 'Government official of Songgwangsa Temple' / Korean Empire
Museum of Songgwangsa Temple
H. 7.0cm, Handle. 5.6cm, W. 5.0 × 5.0cm

59　판사지장
判事之章

대한제국
청동 | 높이 5.3cm, 손잡이 4.0cm, 가로 3.1cm, 세로 3.2cm
송광사성보박물관 소장

———

Bronze seal inscribed with 'Government official' / Korean Empire
Museum of Songgwangsa Temple
H. 5.3cm, Handle. 4.0cm, W. 3.1 × 3.2cm

60   금탑사주지인
金塔寺住持印

조선 후기
청동 ｜ 높이 6.8cm, 손잡이 5.6cm, 가로 6.9cm, 세로 8.4cm
송광사성보박물관 소장

Bronze seal inscribed with 'Abbot of Geumtapsa Temple', Goheung ｜ Late Joseon
Museum of Songgwangsa Temple
H. 6.8cm, Handle. 5.6cm, W. 6.9 × 8.4cm

고흥 금탑사(金塔寺)

소재지　　전라남도 고흥군 포두면 봉림리 700

연　혁　　신라 문무왕 때 원효(元曉)대사가 창건했다고 하며, 절 이름은 창건 당시 금탑이 있어 그렇게 불렀다고 한다. 정유재란 때 불타버린 것을, 1597년(선조 30)에 궁현(窮玄)과 옥순(玉淳)이 중건했으며, 1644년(인조 22) 무가(無價)와 계환(戒環)스님이 극락전을 중수하였다. 그러나 1692년(숙종 18) 화재로 극락전을 제외한 많은 건물이 소실되었다. 1767년, 1834년 극락전을 중건했다. 1861년(철종 12) 유명(有明)스님이 중창하였으나, 일제강점기 이후 급속히 쇠락하였다. 이후 1988년 산신각을 삼성각으로 고쳐지었고, 1991년에는 요사를, 1992년에는 극락전을 보수해 오늘에 이른다.

인장 손잡이에 침서(針書)로 '순천(順天)'을 새겨 놓았다.

61   대흥사주지인
      大興寺住持印

조선 후기
청동 | 높이 7.2cm, 손잡이 5.9cm, 가로 5.5cm, 세로 7.2cm
송광사성보박물관 소장
———
Bronze seal inscribed with 'Abbot of Daehungsa Temple', Suncheon | Late Joseon
Museum of Songgwangsa Temple
H. 7.2cm, Handle. 5.9cm, W. 5.5 × 7.2cm

순천 대흥사(大興寺)

소재지　전남 순천시 월등면 월용리 동리산

연　혁　현재 폐사가 된 대흥사는 창건과 관련한 자세한 역사는 전하지 않고 있다. 『조계산송광사지』에는 1842년(헌종 8) 송광사 화재 후 복구과정에서 대흥사가 참여한 사실이 확인되는데 1920년 5월 6일자 「조선총독부관보(제 2319호)」에 따르면 대흥사는 선암사 말사에 속했다가 이 해 5월 3일자로 폐지 허가가 났다. 한편 제주도 정방사와 남원 극락암, 전남 구례 사성암 등에 1702년(숙종 28) 대흥사에서 조성한 과거7불과 53불상 중 일부가 봉안돼 있으며, 1665년(현종 6) 제작된 동종(銅鍾)은 전남 여수 흥국사에 전해 오고 있다. 이와 함께 1792년(정조 16)에는 『불설고왕관세음경』 목판을 개간하기도 했다.

62 미황사주지인

美黃寺住持印

조선 후기
청동 ｜ 높이 8.8cm, 손잡이 7.2cm, 가로 6.4cm, 세로 8.3cm
송광사성보박물관 소장

———

Bronze seal inscribed with 'Abbot of Mihwangsa Temple', Haenam ｜ Late Joseon
Museum of Songgwangsa Temple
H. 8.8cm, Handle. 7.2cm, W. 6.4 × 8.3cm

해남 미황사(美黃寺)

소재지   전라남도 해남군 송지면 서정리 달마산

연 혁   우리나라 육지 최남단에 있는 절로 749년(경덕왕 8) 의조(義照)대사가 창건하였다 한다. 1597년(선조 30) 정유재란으로 소실되자 1598년(선조 31) 만선(晩善)스님이 중건하였다. 1660년(현종 1) 성간(省侃)스님이 세 번째 중창하였으며, 1751년(영조 27) 덕수(德修)스님이 중건해 금고각(金鼓閣)을 짓고 대웅전·나한전을 중건하였다. 그 뒤 연담 유일(蓮潭 有一, 1720~1799)스님이 주석하였고, 1858년(철종 9)에는 영허 의현(靈虛 義玄, 1816~1874)스님이 만일회(萬日會)를 열었다. 1996년 만하당을 짓고 누각을 복원해 오늘에 이르고 있다.

63   보국사주지인

補國寺住持印

조선 후기
청동 ㅣ 높이 7.5cm, 손잡이 6.1cm, 가로 6.2cm, 세로 7.9cm
송광사성보박물관 소장

———

Bronze seal inscribed with 'Abbot of Boguksa Temple', Damyang ㅣ Late Joseon
Museum of Songgwangsa Temple
H. 7.5cm, Handle. 6.1cm, W. 6.2 × 7.9cm

담양 보국사(輔國寺)

소재지　　전라남도 담양군 금성면 금성산성 내

연　　혁　　1950년 한국전쟁 당시 불에 타 지금은 터만 남은 보국사의 창건 연대는 알 수 없지만 『조선
　　　　　　왕조실록』에 따르면 1662년(현종 3) 1월 담양 보국사의 금불(金佛)에서 저절로 땀이 배어
　　　　　　나왔다는 기사가 전한다. 금성산성 안에 있는 보국사는 아마도 산성 수비와 직접적인 연관이
　　　　　　있는 사찰로 일제강점기 작성된 「송광사 말사 재산대장」에 따르면 목조 아미타삼존상과 지
　　　　　　장보살도, 치성광여래도가 있었던 것으로 확인된다. 이 재산대장에 나오는 아미타삼존상이
　　　　　　바로 현종 때 땀을 흘렸다는 불상으로 보인다.

64   **원암사주지인**
　　　　圓巖寺住持印

조선 후기
청동 ㅣ 높이 8.1cm, 손잡이 6.9cm, 가로 5.1cm, 세로 7.0cm
송광사성보박물관 소장

———

Bronze seal inscribed with 'Abbot of Wonamsa Temple', Wanju ㅣ Late Joseon
Museum of Songgwangsa Temple
H. 8.1cm, Handle. 6.9cm, W. 5.1 × 7.0cm

완주 원암사(圓巖寺)

소재지   전라북도 완주군 소양면 해월리

연 혁   지금은 폐사되어 빈터만 남아 있다. 무경 자수(無竟子秀, 1644~1737)스님이 지은『무경집
(無竟集)』의「청량산 원암사 명부전기(淸凉山 圓巖寺 冥府殿記)」에 따르면 신라때 진표율사
(眞表律師, ?~?, 8세기 활동)가 낭주(浪州) 천층굴(千層窟)에서 수행 중 지장보살을 친견하고
창건했으며, 임진왜란으로 불에 탄 것을 중건하였다. 1690년(숙종 16) 현주(玄珠)장로가 명
부전을 중건했다. 완주 송광사「법당중창상량문」에는 1622년(광해군 14) 원인 모를 화재로
원암사가 불에 타 원암사 스님들이 그 터전을 버리고 송광사 옛터에 지금의 절을 창건했다고
한다.『무경집』에는 또 1712년(숙종 38) 원암사의 요청으로 무경스님이 강의를 했다고 한다.
이밖에 1361년(공민왕 10)『불조삼경(佛祖三經)』과 1457년(세조 3)『육경합부(六經合部)』
를 간행했다.

인장 몸통에 선각(線刻)으로 '증심사(證心寺)'를 새겨 놓았다.

65   증심사주지인

證心寺住持印

조선 후기
청동 | 높이 7.6cm, 손잡이 6.0cm, 가로 6.5cm, 세로 8.0cm
송광사성보박물관 소장

———

Bronze seal inscribed with 'Abbot of Jeungsimsa Temple', Gwangju | Late Joseon
Museum of Songgwangsa Temple
H. 7.6cm, Handle. 6.0cm, W. 6.5 × 8.0cm

광주 증심사(證心寺)

소재지   광주광역시 동구 운림동 56

연 혁   860년(헌안왕 4) 철감선사(澈鑑禪師, 798-868)가 창건하였고, 1094년(선종 11) 혜조국사
(慧照國師)가 중수하였으며, 1443년(세종 25) 전라도 관찰사 김방(金倣)이 중창하였다.
그 뒤 임진왜란으로 소실되자 1609년(광해군 1) 석경(釋經)·수장(修裝)·도광(道光)스님 등이
중창하였고, 일제강점기 초기에는 임제종(臨濟宗) 운동의 본부가 되었다. 그 뒤에도 중수를
거듭하다가 1951년 4월 한국전쟁 중 대부분의 건물이 불타 버렸으며, 1971년에 크게 증축해
오늘에 이르고 있다.

66   인장함

印章函

조선 후기
나무, 철 | 높이 31.0cm, 가로 30.0cm, 세로 30.0cm
송광사성보박물관 소장
———
Wooden seal box decorated with iron | Late Joseon
Museum of Songgwangsa Temple
H. 31.0cm, W. 30.0 × 30.0cm

나무와 철판을 가공해 만든 인장함으로 함 정면에 철판을 잘라 만든 '인신(印信)' 글자를 부착
했다. 함의 접합 부분은 테두리를 톱니모양 철판을 띠처럼 둘러 부착했고, 측면 양쪽 고리는 2
겹의 꽃모양 장식과 함께 부착되어 있다. 뚜껑 손잡이도 2겹의 꽃모양 장식 가운데를 14면체
주사위가 부착된 모양으로 만들었다. 뚜껑에 흰글씨로 '능견난사(能見難思)'라고 적혀 있는데,
이는 인장 대신 능견난사를 이 함에 보관했음을 알 수 있다.

67 팔각인장함

八角印章函

조선
나무, 황동, 청동 ㅣ 높이 16.8cm, 가로 18.7cm, 세로 18.2cm
송광사성보박물관 소장

—

Octagonal Wooden seal box decorated with brass and brozne ㅣ Joseon
Museum of Songgwangsa Temple
H. 16.8cm, W. 18.7 × 18.2cm

송광사 인쇄(松廣寺 印金)

팔각형의 옻칠한 나무 몸통에 황동 장식을 붙인 이 인장함은 자물쇠와 함께 남아 있다. 다양한 형태의 문양을 새긴 황동판을 부착해 만든 이 이장함은 왕실이나 조정으로부터 인장과 함께 하사받은 패(佩)를 보관했던 것으로 보인다. 한편 자물통에는 '송광사 인쇄(松廣寺 印金)'라 새겨져 있다.

68   인궤
印櫃

조선
종이, 옻칠, 황동 ┃ 높이 12.6cm, 가로 23.0cm, 세로 12.7cm
송광사성보박물관 소장
———
Lacquered Paper seal box decorated with brass ┃ Joseon
Museum of Songgwangsa Temple
H. 12.6cm, W. 23.0 × 12.7cm

한지를 여러겹 덧붙여 틀을 만든 다음 옻칠로 마무리를 한 인장함으로, 뚜껑과 몸통에 꽃무늬
장식을 한 고정용 경첩을 붙였다. 이 궤에 붙어있는 재물조사표에 '인궤(印櫃)'라 적혀있다.

69 인주함

印朱函

조선
나무, 황동 | 높이 4.2cm, 가로 11.2cm, 세로 11.2cm
송광사성보박물관 소장

Lacquered Wooden Red inkpad box decorated with brass | Joseon
Museum of Songgwangsa Temple
H. 4.2cm, W. 11.2 × 11.2cm

옻칠한 나무틀에 삼각형 모양의 황동 장식을 부착해 만든 인주함으로 장식성이 뛰어나다. 양
쪽 면에 고리를 달아 장식하였고, 뚜껑에는 2개의 직사각형 홈을 마련해 인장이 흔들리지 않
도록 고정시킬 수 있게 했다.

부록

송광사 및 본말사 문헌에 남은 다양한 인장

70   여행증

旅行證

대한민국(1968년)
종이 | 가로 26.0cm, 세로 19.0cm

—

Travel certificate of the Haeinsa Temple / Korea(1968)
W. 26.0 × H. 19.0cm

이 문서는 1968년 10월 1일부터 26일까지 해인사에 있던 송광사 광훈(廣薰)스님이 은사인 취봉(翠峰)스님을 만나러 가는걸 증명하는 여행증으로 당시 해인사 주지 김봉만(金奉萬, 指月 炳安, 1911-1973)스님이 이를 증명하고 있다. '해인사주지인(海印寺住持印)'과 '이보성인(李菩成印, 李俊英, 梵日 菩成, 1928-2019, 당시 해인사 교무국장)'이 날인되어있다.

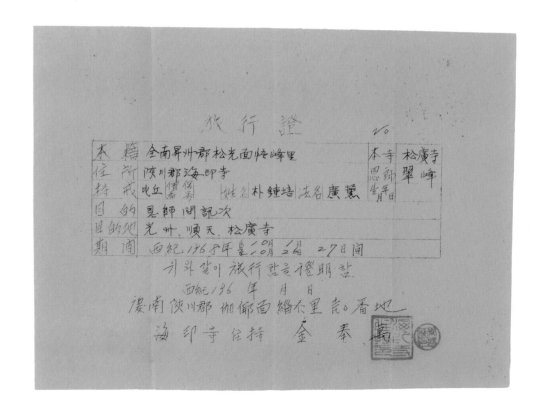

71   선원전장기

禪院傳掌記

일제강점기(1931년)
종이 | 가로 22.7cm, 세로 30.2cm

———

Property ledger of the hermitages to Songgwangsa Temple / Japanese colonial period(1931)
W. 22.7 × H. 30.2cm

이 책은 송광사 선원(禪院)과 산내 암자인 부도암(浮屠庵)의 전장기『傳掌記』 즉, 전임자가 후임자에게 사무를 인계하기 위해 관장하던 물품을 기록한 장부로 각각 1931년과 1936년에 작성되었다. 곳곳에 '송광사종무소지인(松廣寺宗務所之印)'이 날인되어있다.

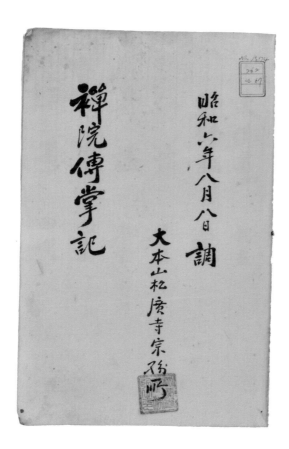

72 백계산옥룡사증시선각국사비명

白鷄山玉龍寺贈諡先覺國師碑銘

조선(1712년)
종이 | 가로 24.1cm, 세로 35.6cm

Inscription Book for the National Preceptor Seongak of Ongnyongsa Temple in Gwangyang / Joseon(1712)
W. 24.1 × H. 35.6cm

고려시대 문신 최유청(崔惟淸, 1093-1174)이 왕명에 따라 찬술한 책으로 선각국사(先覺國師) 도선(道詵, 827-898) 스님의 비문을 담고 있다. 도선스님은 광양 옥룡사에 머물며 후진을 양성하였으며 인간의 길흉화복이나 국가의 미래에 관한 예언적 기록인 비기에 능통해 승려로서 보다는 풍수지리의 대가로 명성을 떨쳤다. 이 책은 1712년(숙종 38) 광양 옥룡사에서 개간한 것으로, '옥룡사승장주지인(玉龍寺僧將住持印)'이 날인되어있다.

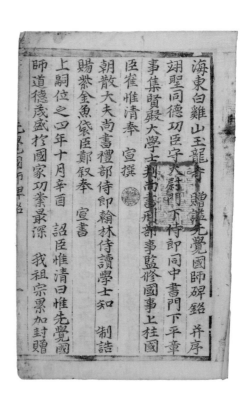

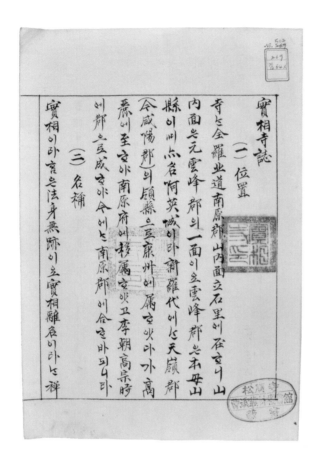

73　실상사지

實相寺誌

일제강점기(1920년)
종이 ｜ 가로 25.9cm, 세로 34.2cm
—
Record of Silsangsa Temple, Namwon /　Japanese colonial period(1920)
W. 25.9 × H. 34.2cm

『실상사지』는 1920년 전북 남원 산내면에 위치한 실상사의 위치, 연혁, 재산상황, 가람배치도 등에 대한 기록을 담은 책이다. 실상사는 828년(흥덕왕 3)에 증각대사 홍척(洪陟)이 창건했으며, 신라 불교의 선풍을 일으키며 번창했다. 조선시대에 접어들면서 화재로 전소됐다가 3차례 걸쳐 복원되어 오늘에 이르고 있다. 책에는 '실상사인(實相寺印)'이 날인되어있다.

74   유원총보

類苑叢寶

일제강점기(1923)
종이 | 가로 21.0cm, 세로 24.9cm
———
Collection Book of the same contents / Japanese colonial period(1923)
W. 21.0 × H. 24.9cm

『유원총보』는 1923년 호명 봉욱(皓溟 琫旭)스님이 송광사 청진암(清眞庵)에 있었던 동명 화인(東溟 化印)스님의 법회 때 내용을 적은 유서(類書; 내용을 같은 사항별로 분류하여 편집한 책)이다. '송광사인(松廣寺印)'과 '송광사총섭인(松廣寺摠攝印)'이 날인되어있다.

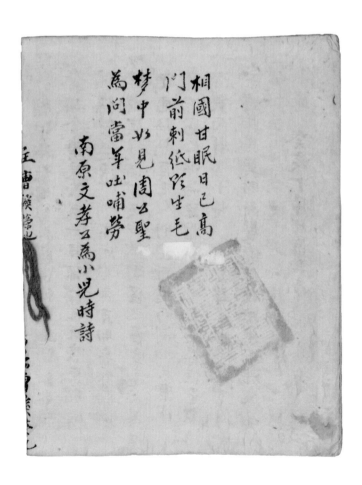

75   태섭스님 호계첩

東隱泰燮 護戒牒

일제강점기(1937년)
종이 ㅣ 가로 38.5cm, 세로 52.8cm

———

Hogyecheop, (Document on observance of religious precepts) / Japanese colonial period(1937)
W. 38.5 × H. 52.8cm

1937년 동은 태섭(東隱泰燮)스님이 받은 계첩으로 불교의 수계식 뒤에 계(戒)를 받았음을 증명하는 문서이다. 『범망경(梵網經; 불교 계율이 정리되어 있는 경전)』의 내용과 계를 주는 스님 및 수계를 증명하는 스님 등이 쓰여있다. 문서의 상단에 '불법승보(佛法僧寶)'라고 쓰여진 삼보인(三寶印)이 날인되어있다.

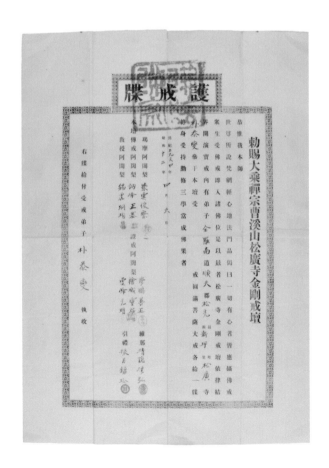

76 희옥대선사 교지

熙玉大禪師 敎旨

조선(1626년)
종이 | 가로 73.0cm, 세로 58.2cm

Royal Edict Issued to Hui-ok / Joseon(1626)
W. 73.0 × H. 58.2cm

이 교지는 1626년(인조 4) 대가 희옥(待價 熙玉)스님에게 인조(仁祖)가 내린 문서로, 1624년(인조 2) 조정에서 남한산성을 쌓은 공로를 인정받아 '보은선교융묘도대선사報恩善敎融妙道大禪師'의 칭호와 함께 가사와 발우를 받았다. 문서에 '시명지보施命之寶'가 날인되어있다.

(원문)

敎旨

　全羅道摠攝 釋熙玉 / 南漢山築城時 董率緇徒 盡心完役 其有功於國家至重 極爲可嘉 爲報恩善敎融妙都大禪師特賜衣鉢者

天啓六年十一月 日[印]

(번역문)

　전라도 총섭 석희옥은 남한산성 축성시 승려들을 잘 이끌어 마음을 다해 임무를 다한 공이 있으므로 이에 나라에서 매우 지중하게 표창할만하여 '보은선교융묘도대선사'와 더불어 가사와 발우를 하사함.

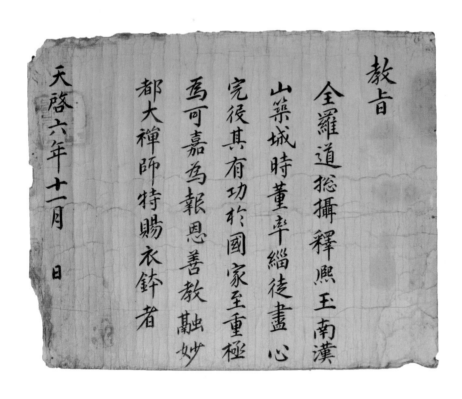

山築城時董率緇徒盡心

完役其有功於國家至重極

為可嘉為報恩善教融勵妙

都大禪師特賜衣鉢者

天啓六年十一月　日

77   계홍스님 주지임명 첩지
戒洪住持帖旨

조선(1825년)
종이 | 가로 67.2cm, 세로 54.4cm

———
Document of appointment 'Abbot of Songgwangsa Temple' / Joseon(1825)
W. 67.2 × H. 54.4cm

이 첩지는 1825년(순조 25) 순천진영(順天鎭營)에서 계홍(戒洪)스님을 송광사 주지에 임명한다는 내용을 적은
문서이다. '순천진영장인順天鎭營將印'이 3곳에 날인되어있다.

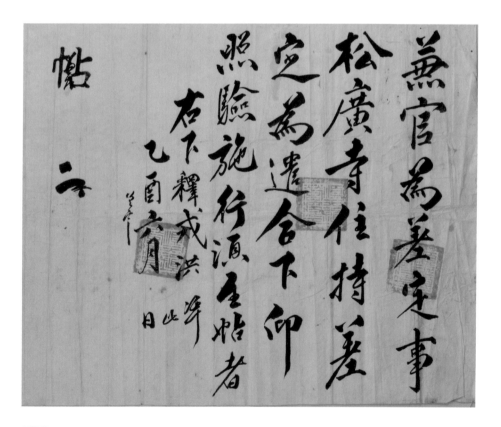

(원문)
　兼官爲差定事 / 松廣寺住持差定爲遣合下仰 / 照驗施行須至帖者
　右下釋戒洪 準此 / 乙酉六月日 差定 / 帖[手決]

78 순천 동화사 전답개간 계약서

順天桐華寺田畓開墾契約書

일제강점기(1928년)
종이 ㅣ 가로 16.6cm, 세로 24.4cm
——

Forest Reclamation Contract of Donghwasa Temple, Suncheon / Japanese colonial period(1928)
W. 16.6 × H. 24.4cm

이 문서는 순천시 별량면 대룡리에 있는 동화사 소유 임야를 개간하는 것에 관한 계약서이다. 당시 주지였던 이동수(李東秀, 布凝 東秀, 1894-1940)스님과 정찬경(鄭燦庚)·정찬도(鄭燦都) 형제간의 계약이며, 동화사 전 주지였던 황선명(黃善明, 友松 善明, 1879-1936)스님이 증인을 맡았다. 문서의 중간과 마지막에 '동화사주지인(桐華寺住持印)'이 날인되어있다.

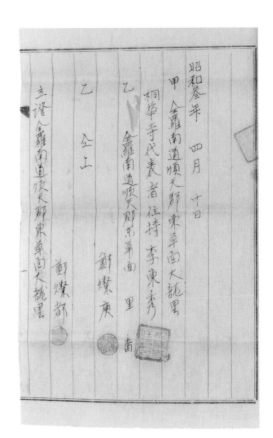

79 전답양도계약서

田畓讓渡契約書

일제강점기(1940년)
종이 | 가로 28.0cm, 세로 40.0cm

Contract for the transfer of farmland / Japanese colonial period(1940)
W. 28.0 × H. 40.0cm

이 문서는 평안북도 희천군(現 자강도 희천시) 출신의 김준수(金俊洙)와 송광사 주지 임석진(林錫珍, 綺山 錫珍, 1892~1968)스님간의 전답 양도에 관한 계약서이다. 김준수는 본인 소유의 밭 2148평, 논 774평을 송광사에 양도하는 대신 자신이 죽은 후 송광사 삼일선원에서 매년 제사를 지내줄 것을 요청했다. 동생 김준관(金俊官)과 임석두(林石頭, 石頭 寶澤, 1882~1954)스님이 증인을 맡았다. 문서 여러 곳에 '송광사주지인(松廣寺住持印)', '김준수(金俊洙)' 인장이 날인되어있다.

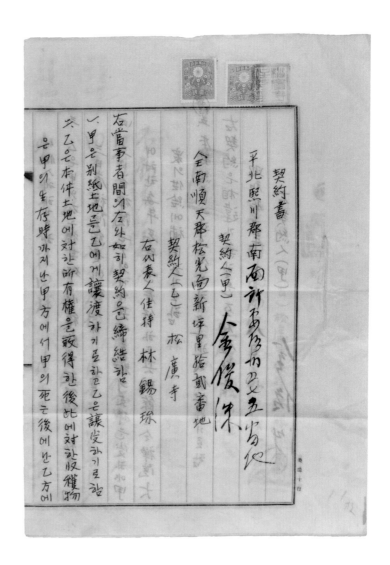

80 전라남도 순천군 송광사 승도등장

全羅南道順川郡松廣寺 僧徒等狀

대한제국(1901년)
종이 ㅣ 가로 51.7cm, 세로 88.2cm

Petition sent by the monks of Songgwangsa Temple to the Ritual Management Office / Korean Empire(1901)
W. 51.7 × H. 88.2cm

이 문서는 송광사와 선암사 사이에 있는 장막동산(帳幕洞山)과 관련해 생긴 문제를 해결해달라고 봉상사(奉常司)에 청원을 올리는 등장이다. 등장(等狀)은 여러 사람의 이름으로 관부에 올리는 조선시대 청원서나 진정서를 말한다. 송광사의 첨화(添華), 두현(斗賢), 창율(昌聿), 영우(永佑)스님 등이 장막동산과 관련하여 선암사의 불법행위를 청원하고, 봉상사에서는 궁내부에 보고하고 관리를 파견할 것이라는 답을 주었다. '봉상사장지장(奉常司長之章)'과 '봉상사장(奉常司章)' 인장이 날인되어있다.

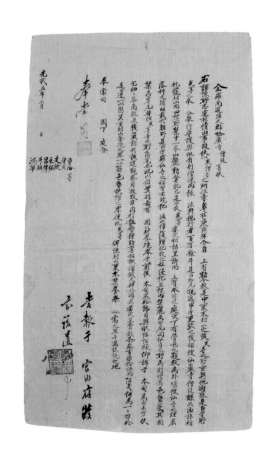

봉상사장지장(奉常司長之章)

봉상사장(奉常司章)

81   순천 송광사 승도 등의송장
順天松廣寺僧徒等議送狀

대한제국(1900년)
종이 | 가로 53.0cm, 세로 89.6cm

Petition sent by the monks of Songgwangsa Temple to the governor of Jeollanam-do province / Korean Empire(1900)
W. 53.0 × H. 89.6cm

이 문서는 송광사와 선암사 사이에 있는 장막동산(帳幕洞山)과 관련하여 생긴 문제를 해결해달라고 관찰사에게 청원을 올리는 등장이다. 송광사 성호(渾朋 誠昊, 1860-1939), 수현(守玹), 계훈(桂訓), 유안(浩峯 宥安), 지흔(支欣)스님 등이 장막동산과 관련해 선암사의 불법행위를 청원하고, 당시 전라남도 관찰사(민영철閔泳喆, 1864~미상)는 7일 전에 답을 준 것이 있으니, 그대로 진행할 것이라는 답을 주었다.

'전라남도관찰사지장(全羅南道觀察使之章)'과 '전라남도인(全羅南道印)'이 날인되어있다.

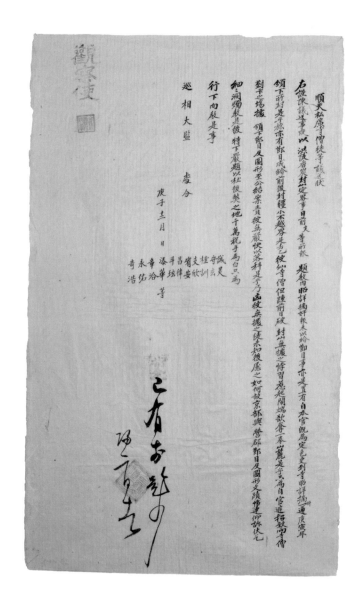

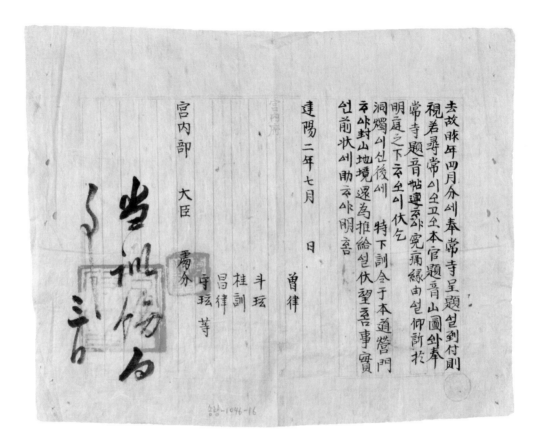

82   전라남도 순천군 송광사 승도 소장

全羅南道順天郡松廣寺僧徒訴狀

조선(1897년)
종이 | 가로 18.3cm, 세로 29.0cm

———

Petition sent by the monks of Songgwangsa Temple to the Department of Royal Household / Joseon(1897)
W. 18.3 × H. 29.0cm

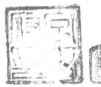

이 문서는 송광사와 선암사 사이에 있는 '장막동산帳幕洞山'과 관련해 생긴 문제를 해결해달라고 궁내부에 청원을 올리는 소장이다. 송광사 증율(性峰 證律, 1857-1931), 두현(春盛 斗玹, 1857-1924), 계훈(桂訓), 창률(印峰 昌律, 1859-1942), 수현(守玹)스님 등이 장막동산과 관련해 선암사의 불법행위를 청원하고, 궁내부 대신이 훈령으로써 단단히 일러서 경계할 것임을 답하였다. 문서 여러 곳에 '궁내부내사과장(宮內府內事課章)'이, 마지막에는 '궁내대신지인(宮內大臣之印)'과 '궁내부인(宮內府印)'이 날인되어있다.

83   전라도 순천 송광사 승도소장

全羅道順天松廣寺僧徒訴狀

대한제국(1899년)
종이 | 가로 28.5cm, 세로 27.3cm

———

Petition sent by the monks of Songgwangsa Temple to the Agriculture, Commerce and Industry Department / Korean Empire(1899)
W. 28.5 × H. 27.3cm

이 문서는 송광사와 선암사 사이에 있는 '장막동산(帳幕洞山)'과 관련해 생긴 문제를 해결해달라고 농상공부에 청원을 올리는 소장이다. 송광사 두현(斗賢)스님이 대표로 쓴 문서 내용을 보면 전라남도 관찰사의 명령을 핑계로 주암면 주민들의 불법 벌채로 산림의 훼손이 심각하니, 이 문제를 해결해주기를 바라고 있다. 농상공부대신(민병석閔丙奭, 1858~1940)이 이에 대해 해결해주겠다고 답하였다. 문서에 '농상공부대신지장(農商工部大臣之章)'과 '농상공부지인(農商工部之印)'이 날인되어있다.

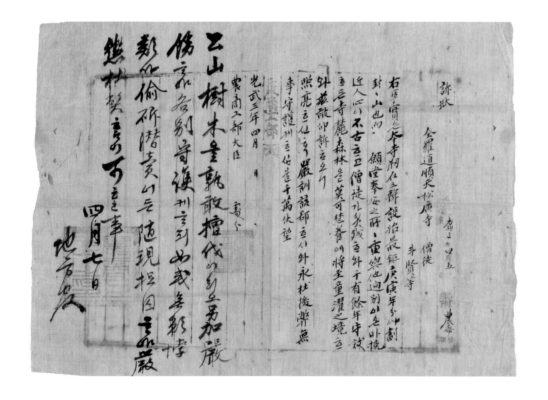

농상공부지인(農商工部之印)

농상공부대신지장(農商工部大臣之章)

84   혜심고신제서

慧諶告身制書

고려(1216년)
비단 | 가로 352.0cm, 세로 35.0cm
국보
———
Royal Edict Issued to Great Master Hyesim / Goryeo(1216)
W. 352.0 × H. 35.0cm
National Treasure

고려 고종 3년(1216)에 진각국사(眞覺國師) 혜심(慧諶, 1178~1234)스님을 대선사(大禪師)에 임명하는 문서이다. 이 문서는 중국 당(唐)의 고신(告身, 국가의 임명문서) 양식을 따랐는데, 당의 공식령을 참고로 하였지만 고려의 관제에 맞게 적절히 개변해 사용 하였음을 알 수 있다. 서체는 중국 당에서 시작되어 북송까지 공문서 작성에 사용된 왕희지 행서의 영향을 강하게 받았다. 또한 능형화문을 나타낸 홍·황·백색 등의 무늬가 있는 비단 7장을 이어서 만든 두루마리에 묵서한 것이다. 문서에 확인이 어려운 직인과 쌍봉황문(雙鳳凰紋)이 곳곳에 날인되어있다 . 이 문양은 강원도 원주 '법천사 지광국사현묘탑'의 봉황문과 비교된다.

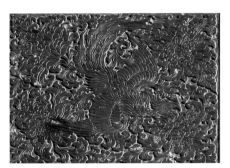

강원도 원주「법천사지 지광국사현묘탑비」의 봉황문

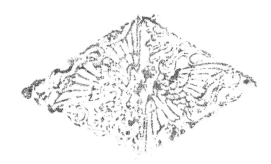

혜심고신제서의 쌍봉황문

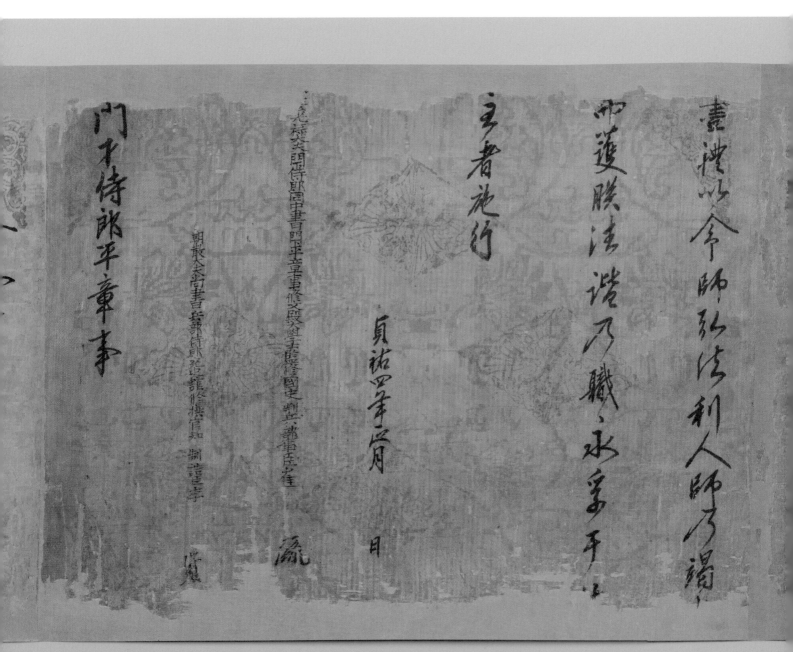

壽禮以令師弘法利人師乃竭

印護朕法諧乃職永事平二

主者施行

貞祐四年二月   日

充樞文閣侍郎同中書門下平章事修文殿監兼太子臨修國史判工部事臣崔

朝散大夫守書右諫議大夫充護修撰官如   劉逹[手]

門下侍郎平章事

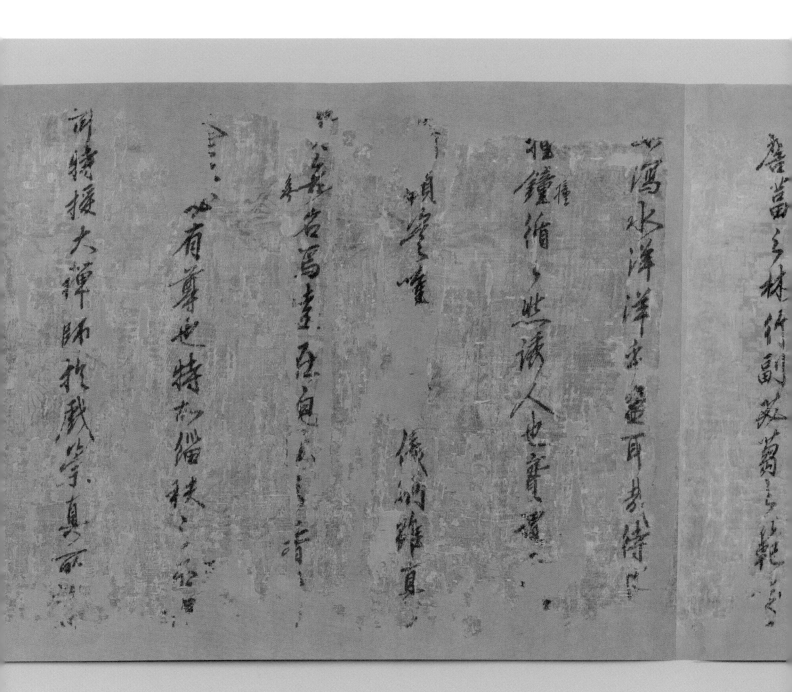

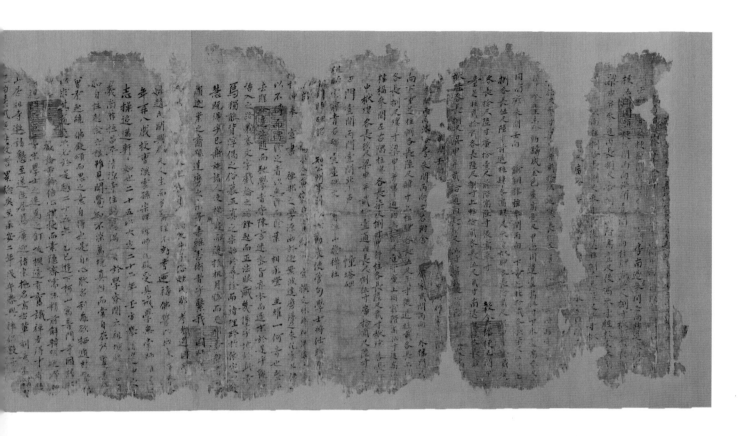

85 수선사형지기

修禪社形止記

고려(1221~1226)
종이 | 가로 595.0cm, 세로 58.5cm
보물

———

Records of Suseonsa Temple(Documents of the Goryeo Dynasty in Songgwangsa Temple) / Goryeo(1221~1226년)
W. 595.0 × H. 58.5cm
Treasure

「수선사형지기」는 사천대(司天臺, 고려시대 관청)의 관리가 기록한 문서로 수선사(지금의 송광사)의 창건연혁 및 가람의 배치상황을 자세히 기록하였다. 또한 끝부분 '복전기(福田記)'에는 불상과 건물의 현상, 보조국사 비문, 승려수, 재산목록 등을 기재하였다. 이는 당시 수선사 규모와 건축 상황, 재산 상태 등을 규명하기에 좋은 자료로 상당한 규모의 가람을 갖추었던 수선사 경제규모도 짐작할 수 있게 할 뿐만 아니라, 고려시대 특유의 관리문서형식을 함께 고찰할 수 있다는 점에서 「노비문서」와 함께 보물 제572호로 지정된 귀중한 자료이다. '사천대인(司天臺印)'이 곳곳에 날인되어있다.

同力戮力自丁巳年經始伐木輦土經之營之凡五夏屋八十餘間

佛宇僧寮齋堂厨庫無一不備九載功畢最為泰和五季

以其年十月初一日受朝旨約一百二十日設慶讚法會開堂設禪

點破大慧禪師語錄夜則安靜廳申華封之祝以落成為作齋

師之作是道場也可謂希有矣自如来入滅二千年後當鬪爭

宰因之時凡浮沉者流頻漸名相各執而長是非其所非彼我闘

諍求名利虗遣寸陰故全精觀照修心見性之法掃地盡矣師獨

馳於時態發頂忘食轉不退輪宴寂山中二十餘年熟

之非者始而驚終而翕然隨以空四方之利意尚行離世界

息心了義之造此鳥遊集如鳥之歸鳳百川之注海由是觀

迄愍修道之鳳一再弘於季末矣至如道侶夢舡師端諶師湧出

仁敏師坤正誠佛蕃解空弥陀寺可休居祖寺得中本

社覺純富有縣安逸爵修荂皆以觀心正念之故至於終時薑作

坐化豈非吾師所化然弐非特如是長城縣白岩寺僧曰性富者平

生以梓匠為業聞去發心念念念佛為事至於此寺皆成于

錦城安逸戶長陳宜升與妻此心以發至心栱栢道斷董受爵

心經因施白金一十斤以為營造之費以至燕南方州府富普施

修禪社主乃是亡者甲寅年今國朝
流頁將奴婢衣分乃出分屬今是亡者父
粢是平身官以亡者一弟監出納撥乃奴婢父

婢粱宅椿田中平畓庭前曼婢世亦奴一所生父
次老年四十八矣身及右婢衣一所生亡寺官文成治

右吉以老婢矣長所生三奴矣身良同五第刊將右粱
矣身亦傳持使用為遠矣父本平賜治亡寺後良中亡

長乃奴一所生奴巾三矣身平中所使內如中右一長女
頤修補為本社安逸遙手母本大藏室內良中右巾三邊

身一所生矣屬今至于右寺母望生乃行偶有亡寺
祭正乃是鎮長屬社今至良民於為亦

86　노비문서

奴婢文書

고려(1281년)
종이 | 가로 66.0cm, 세로 58.5cm
보물

Slave Ownership Paper (Documents of the Goryeo Dynasty in Songgwangsa Temple)
Goryeo(1281년)
W. 66.0 × H. 58.5cm
Treasure

수선사(지금의 송광사) 제5세 국사인 원오국사(圓悟國師) 천영(天英, 1215~1286)스님이 속가의 아버지인 양택춘(梁宅椿, 1172~1254)에게 받은 노비와 그 자식을 수선사에 바쳤고, 이를 나라에서 공인한다는 내용이 적혀 있다. 원오국사는 수선사에 봉안되었던 『거란대장경』을 관리하기 위해 자신이 상속받은 노비를 수선사에 예속시켰다. 문서 끝부분에 '지원(至元) 18년'이란 연호가 남아 있어 문서가 작성된 연도를 알 수 있다. 한편 일본의 『조선학보(朝鮮學報)』 제220집(2011. 7), 「高麗末·朝鮮初における任命文書体系の再檢討」에서 2005년 1월 9일 KBS 'TV쇼 진품명품(제293회)'에 나온 「신우관교(申祐官教)」를 조사한 결과와 2014년 12월 송광사 「노비문서」를 비교 분석한 결과 인장의 내용이 파스파 문자로 '부마고려국왕인(駙馬高麗國王印)'임이 확인됐다.

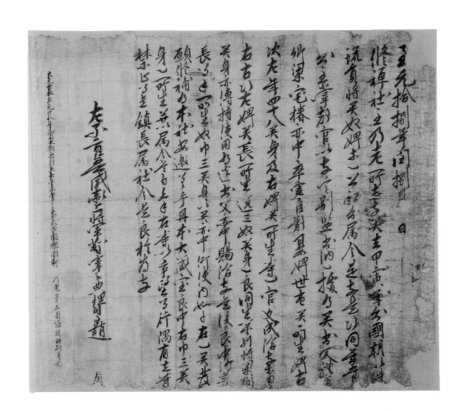

87　티베트문 법지

Tibet 文法旨

고려(1275년)
종이 | 가로 52.4cm, 세로 79.8cm
보물

———

Documents Written in the Tibetan Language / Goryeo(1275)
W. 52.4 × H. 79.8cm
Treasure

송광사 제6세 국사인 원감국사(圓鑑國師) 충지(冲止, 1226~1292)스님이 원나라에 강제로 점유당한 토지를 되돌려 받기 위해 「복토전표(復土田表)」를 원나라 세조(쿠빌라이)에게 올리자 원나라로부터 받은 문서이다. '송광사 파스파문자(松廣寺八思巴文字)'라 불려왔는데, 1990년 이후 연구가 활발히 진행되어 티베트 문자로 작성된 문서라는 것을 알게 되었다.

기존에는 이 문서가 원나라 세조를 알현하고 고려로 돌아올 때 사용했던 '통행증'이라고 알려져 왔으나, 2000년 이후 일본학자들은 원나라 불교계에서 최고의 지위에 있던 제사(帝師)가 발령한 사원보호를 위한 특허장이라고 주장하였다. 훼손이 심해 '통행증설'과 '특허장설' 중 어느 것이 맞는지 확정하기는 어렵다. 다만 남아있는 문서의 내용을 보면 문서 소지자에 대한 신분과 신분보장, 신분을 보장해줄 자들의 명시와 협조요청, 문서 발급자의 증명부분 등으로 나뉜다.

인장 내용 : 大元帝師(대원제사)/統領諸國(통령제국)/僧尼中興(승니중흥)/釋敎之印(석교지인) [1]

———

1　나까무라 준(中村 淳)(고마자와대학 문학부).
　『송광사 원대 티베트문서 규명 국제학술대회』자료집.
　「송광사 원대(元代) 티베트문 법지(法旨)」, 2001. 28쪽 인용.

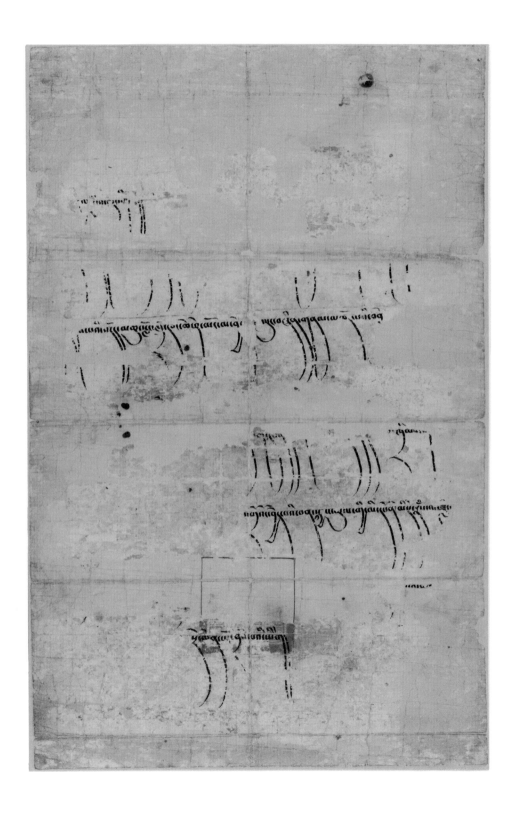

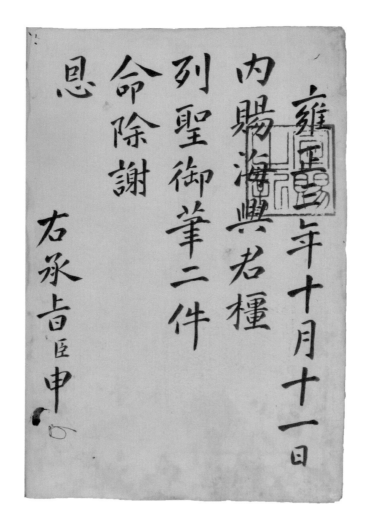

88   열성어필첩

列聖御筆帖

조선(1725년)
종이 | 가로 29.0cm, 세로 42.1cm

Rubbed Copy Album of a handwriting by Kings of the Joseon Dynasty / Joseon(1725)
W. 29.0 × H. 42.1cm

조선 태조(太祖)부터 경종(景宗)까지 13대 왕의 어필을 새긴 목판에서 인쇄한 책이다. 영조 1년인 1725년 10월 11일, 종친인 해흥군(海興君) 이강(李橿, 1700~1762)의 요청으로 당시 우승지 신방(申昉, 1686~1736)이 인출하였다. 태조, 문종, 세조, 성종, 인종, 명종, 선조, 원종(元宗, 1580~1619, 인조의 아버지), 인조, 효종, 현종, 숙종, 경종의 어필이 수록돼있다. '선사지기(宣賜之記: 임금의 하사품임을 표시하기 위해 찍는 인장)'가 날인되어있다.

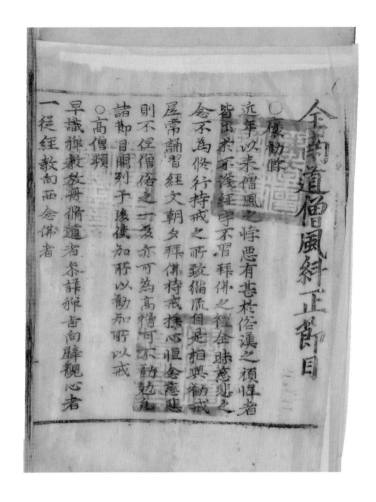

89 전남도승풍규정절목

全南道僧風糾正節目

조선(1652년)
종이 | 가로 25.7cm, 세로 35.0cm
전라남도 유형문화재
보림사성보박물관

Jeonnamdo seungpung gyujeong jeolmok (Regulation Enforcement to Buddhist monk, Jeonnam-do) / Joseon(1652)
Jeollanam-do Tangible Cultural Properties
Museum of Borimsa Temple
W. 25.7 × H. 35.0cm

전남 장흥 보림사 사천왕상 복장 유물로 1574년(선조 7) 송광사에서 판각한 『천지명양수륙재의촬요』 권1 22장에서 23장 사이에 삽입되어 있었다. 2장으로 구성된 「전남도승풍규정절목」은 1652년(효종 3) '관부문서(官府文書)'로 알려진 전남 담양군 용흥사 소장 문서와 동일한 내용이다. 용흥사 소장본은 제목부분이 유실되었지만 보림사 '전남도승풍규정절목'은 제목 부분이 남아 있으며, 보림사본은 뒷부분에 해당하는 '횡행작폐승속류(橫行作弊僧俗類)', '거사사당완패류(居士舍堂頑悖類)' 부분이 없다.

용흥사본에는 '전라도관찰사지인(全羅道觀察使之印)'이 12개 찍혀 있으며, 보림사본은 '불법승보(佛法僧寶印)'이 10개 찍혀 있다.

「전남도승풍규정절목(全南道僧風糾正節目)」

○褒勸條
近年以來僧風之悖惡有甚於俗漢之頑悍者
皆出於不諳經者不習拜佛之禮全昧慈悲之
念不爲修行持戒之所致緇流自是相與勸戒
屼常誦習經文朝夕拜佛持戒操心恒念慈悲
則不但僧俗之一及(變)亦可爲高僧可不勸勉凡
諸節目開列于後使伽(知)所以勸知所以戒

○高僧類
早識禪敎放冊修道者參詳禪旨向壁觀心者
一從經敎向西念佛者
此類返常合道頓忘世念之人故謂之高僧
僧中之最貴 本寺首僧三寶等敬而尊之
時 〃 看護事

○善僧類
傳援經支者 盡心國事者 敬尊師傳者
恭敬養師者 恭順年老者 持戒操心者
慈悲善心者 看護貧病者 和好同類者
常錯僧衣者 逢人禮拜者
此類小無違於國法亦有護於僧道故謂之
善僧 〃 中之最善者也本寺首僧三寶等如
是善僧等乙一 〃 搞撥告於本官旦告都摠
攝 〃〃 枚報上司 〃〃 其中可任者賜賞職
可賞物者給賞物一 〃 安護永勿侵責以爲
振作之方同首僧三寶等除尋常十分擧行

○糾正條

○凡僧作罪類
　不畏法令者
受學之師全不顧念者
養我之師永不看護者
年老之長凌慢嘔辱者

同類不知恃力行惡者
非僧非俗行止荒唐者
自不學行亦不敎弟者
招他上佐自己上佐者
搆成虛事謀陷同類者
通奸女色爭色殺傷者
衝火殺人養蜂殺生者
賣佛造寺作樂酗酒者
勸善得物任意私用者
紙簾短俠紙地甚薄者
作契射帳养馬寺中者
道逢貴賤睥視不拜者

○不從衣冠戒類
頭載毛笠耳掩驄吐毛者
腰佩弓釰唐褯色帶子者
行時脫幅結脛躡皮鞋者

○橫行作弊僧俗類
各寺三寶等者 欲肥其己 百謀瞞官 侵魚本鄕 僧之一族者
託付京衙門者 欲膚其身 奉受貿販 橫斂各寺 貽弊萬端者
託屬各營門者 官旨有無 萬般生風 橫斂各寺 貽弊無窮者
諸處砲手等者 官獵私27獵 貧村殘寺 憪辱供饋 貽弊叵測
者
一 近年以來 國家多事 僧役極重 苦務殘僧 決不安接 如
此之時 泛濫頑悖
者 負卜供饋 貽弊叵測 故路邊殘寺 不勝被侵 盡爲空虛
極爲痛駭 自今以後
一應各邑泛濫僧俗等乙 一切勿給路卜供饋爲乎矣 如是
分付之後 若有慢不
擧行者 則道以各別隨所聞與者受者 幷以捉囚刑推事
一 道內三城守直僧將等段 例有官料 而徒其守城而已 別
無巡行各寺 官旨

是去乙 百般受由 於差使員前 橫行各寺 收斂作弊者乙
——告本官 囚禁牒
報刑推改定事

○居士社堂頑悖類
多誘村民 濫奉懺悔者
稱以化主 得物私食者
徒聚佛堂以世事爲業貪者
虛稱醫術 誤針殺傷者
師弟及同類妻通奸奪居者
口不念佛以是非毁他惡者
右項凡僧作罪類 不從衣冠戒類 橫弊僧俗類 居士頑悖類
此四等條段 皆是
傷風敗俗 而佛法亦以之壞 如此犯罪人等乙 不爲重治 則
後弊難防乙仍于 各
寺首僧三寶等亦——摘發告本官 依法重治爲旀 且告都
摠攝 總攝卽報上司
上司從輕重刑推爲乎矣 其中次甚者段 有以不可指名以
告是去乎 多縱密封
以爲摘發 刑推及定配爲旀 各寺良中 如是分付之後 首僧
三寶等 若廢而不行
者是去乙等 總攝具由報使 以爲懲一礪百之地爲旀 各寺
擧行形止乙 每朔末
以 亦爲文報 施行向事
順治九年(1652, 효종 3)六月 日 兼巡察使 都事

위의 「전남도승풍규정절목」은 전남 장흥 보림사 사천왕상 복장 유물 중 1574년(선조 7) 송광사에서 판각한 『천지명양
수륙재의찰요』 권1 22장에서 23장 사이에 삽입된 것과 전남 담양 용흥사 소장본 「관부문서」를 조합해 완성한 것이다.
따라서 이 문서의 정확한 이름은 「전남도승풍규정절목」이라 해야 한다.
붉은색 글씨는 아직 완벽하게 판독되지 못해 여러 의견을 적어 둔 것이다. [2]

2 이종수, 『한국불교사학』 제67집, 「1652년 官府文書를 통
해 본 효종대 불교정책 연구」. 2013.

논고

삼보종찰의 인장 현황과 의미

김태형·박지영

삼보종찰의 인장 현황과 의미

김태형·박지영

1. 글을 시작하며

한국의 사찰에는 다양한 문화유산이 남아 있다. 그 중에는 역사성, 예술성 등으로 국보, 보물 등 국가지정문화재가 다수 지정돼 그 가치가 충분히 조명되기도 했다. 그러나 사찰 문화유산 중에는 아직도 그 가치에 비해 주목받지 못하는 것들이 있으니 그중 하나가 바로 '인장(印章)'이다. 사찰 인장은 황동으로 만든 길고 납작한 손잡이에 정방형 혹은 장방형의 인신(印身)으로 구성돼 있으며 그 모습이 조선시대 사용되던 일반적인 관인(官印)과 크게 다르지 않다.

이처럼 단순한 조형성으로 인해 사찰 인장은 다른 유물에 비해 큰 관심을 받지 못한 게 현실이다. 그러나 이번 '삼보종찰 인장전' 전시를 위한 연구 과정에서 당시 사찰의 기능과 조직을 규명하는 중요한 열쇠이자 실물이라는 점에서 사찰 인장이 새롭게 조명돼 그 가치를 제고할 필요성을 확인했다.

인장의 내용은 사찰 이름만 새겨진 경우와 사찰과 직책명, 혹은 직책 그리고 불법승 삼보를 상징하는 삼보인(三寶印) 등이 있다. 이들 인장은 대부분은 정확한 제작 시기를 알 수 없지만 문헌 자료나 일부 제작 연대가 새겨진 것을 근거로 그 시기를 어느 정도 유추할 수 있다.

또한 제작자에 대해서도 『인신등록(印信謄錄)』과 『송광사지(松廣寺誌)』 등에서 일부 확인되고 있으며, 이들 자료를 통해 관할 관청 즉 예조(禮曹) 등에서 제작해 배포한 것으로 확인됐다. 사찰 인장은 기타 관인으로 분류돼 있으며 사용처는 조선 후기 사찰 관련 '등장(等狀)', '소지(所志)', '첩정(牒呈)'을 비롯해 전적류 등에 날인된 사례가 보인다.[1]

현재 사찰 인장을 비롯한 관인 등 인장 전반에 대한 관련한 연구서로는 성인근의 『한국인장사』에서 고려와 조선시대 사찰인장의 사례가 일부 소개된 바 있다. 또한 사찰 인장의 수량 집계와 실물 조사는 불교문화재연구소와 문화재청이 실시한 한국의 사찰 문화재 전수 조사의 결과물인 『한국의 사찰문화재』에 소개돼 있다. 이와는 별도로 조계종 불교사회연구소에서 2018년 전국 15개 사찰에 소장된 인장을 조사한 바 있다. 그러나 사찰 인장에 대한 연구는 아직까지 이루어져 있지 않아 사찰 인장이 갖는 의미와 역사적 성격과 가치는 여전히 미개척 분야이다.

---

1   성인근, 『한국인장사』, 도서출판 다운샘, 2013. 39쪽

이번 '삼보종찰 인장 특별전'에는 통도사, 해인사, 송광사 소장 사찰 인장과 인장함, 그리고 인장이 찍힌 각종 문헌 자료가 전시돼 관련 연구에 도움이 될 것으로 기대된다.

2. 사찰 인장 관련 문헌 검토 및 현황

1) 사찰 인장 관련 문헌 검토

현재 한국에 남아 있는 사찰 인장은 삼국시대부터 통일신라, 고려, 조선시대까지 다양한 형태로 전해오고 있다. 그 사례를 살펴보면 먼저 고려시대 이전은 전북 익산 미륵사지 출토 만(卍)자문 납석제 인장, 경주 황룡사지 출토 와제(瓦製)와 동제(銅製)·석제(石製) 인장, 강원도 삼척시 도계읍 흥전리사지 출토 청동 승관인(僧官印)이 등이 있다. 고려시대는 '계룡산 신원사주기(鷄龍山神願寺朱記)'^(사진 1), '송광사 소장 사자뉴(獅子鈕) 인장' 등이 있다. [2]

사진1　강원도 삼척 도계면 흥전리 사지 출토 '만(卍)'와 '범웅관아(梵雄官衙)' 명 청동관인 및 인주함. 인장 크기는 가로×세로 5.1㎝ (사진 : 문화재청)

사찰 인장과 관련된 기록 가운데 『조계산 송광사지』를 중심으로 살펴보면 다음과 같다.

① 진명국사(眞明國師 混元, 1191~1271)는 원종 12년(1271) 12월 10일 입적을 앞두고 국왕에게 보내는 서한을 짓고 인신(印信)을 봉하여 시자(侍者)에게 부촉했다

② 각진국사(覺眞國師 復丘, 1270~1355)는 공민왕 4년(1355) 불갑사에서 정토사로 옮기셨다...7월 27일에는 국왕에게 하직 편지를 보내고, 읍관(邑官)을 청해 인신(印信)을 봉(封)했다

③ 나옹왕사(懶翁王師 惠勤, 1320~1376)는 1371년 국서(國書), 인신, 금란가사 등을 보내어 왕사로 봉했다. 1374년 공민왕이 승하하자 빈소에 나아가 대령(對靈) 소참(小參)을 하고 서백(書帛)과 함께 인신을 조정에 반납했다. 이에 우왕이 주언방(周彦邦)을 보내 내향(內香)을 내리고 인보(印寶)를 돌려보내어 왕사로 다시 봉했다.

④ 보각국사((普覺國師 混修, 1320~1392)는 1392년 7월 국사의 직을 사퇴하며 인신을 돌려 보내고 청룡사로 옮겨 갔다.

⑤ 조선 철종 12년(1861) 봉상시(奉常寺)로부터 율목(栗木) 300주를 벌목하라는 명령과 함께 하달된 주의 조항에 '인신 1과(顆)를 싸가지고 갈 일'이 포함돼 있다.

⑥ 용운대사(龍雲 處益, 1813~1888)는 철종 10년(1859) 해남 표충사 총섭직에 부임해 관찰사와 협의해 '도승통(都僧統)'인신을 없앴다.

⑦ 『조선왕조실록』에는 세조 3년(1457) 6월 세조가 예조에 '불법승보(佛法

2　위의 책, 61쪽~63쪽, 86~103쪽. 여기에 최근 발굴된 것과 다른 자료도 포함시켰다.

사진2) 『인신등록』에 남아 있는 '서악사주지
인'.(사진 서울대 규장각 소장 『인신등
록』)

僧寶)의 4자를 새긴 삼보인(三寶印)을 주조(鑄造)해 지평(砥平)의 용문사(龍門寺)에 보내라'했다. 인조 18년(1640) 전라감사(全羅監司) 원두표(元斗杓)가 치계하기를, "적상산성(赤裳山城)은 산세가 높고 가파라서 사람들이 살기에 불편합니다. 만약 승도(僧徒)들을 모집해 들여보내지 않으면 지킬 수 없습니다. 승려 각성(覺性)을 삼남도총섭(三南都摠攝)이라고 칭해 인신(印信)을 지급해 주고서, 그로 하여금 문도(門徒)들을 거느리고 성 안에서 살게 하소서"라 하였다.

⑧『인신등록(印信謄錄)』에는 1801년 2월 안동 관왕묘 수호사찰인 서악사(西岳寺)의 주지인(사진2)과 1691년 윤7월 강화도 진해사(鎭海寺) 승통인, 양양·철령에 배치된 사찰의 총섭인을 발급했다.

이상의 문헌을 종합해보면 사찰 인장은 왕실과 조정에서 제작 배포했음을 알 수 있으며, 용도 폐기할 때는 관할 관청에 반납하는 게 정해진 법도였던 것으로 보인다.

2) 사찰 인장 현황과 형태

현재 일제강점기 이전 사찰 인장의 수량은 정확하지 않지만 『한국의 사찰문화재』와 조계종 불교사회연구소의 자료를 전수 조사한 결과 스님들이 사용하던 개인 인장과 낙관 등을 제외하고 136점이 확인된다. (표1)

(표 1) 전국 사찰별 인장 소장 현황 3)

사찰명	수량	사찰명	수량	사찰명	수량
통영 안정사	3	보은 법주사	3	합천 해인사	22
고성 옥천사	3	구례 천은사	3	양산 통도사	9
남해 용문사	3	영광 불갑사	3	문경 대승사	3
하동 쌍계사	2	장성 백양사	3	구미 수다사	2
밀양 표충사	7			경주 기림사	2
부산 범어사	2				
언양 석남사	4	고양 원각사	2	대구 동화사	6
순천 송광사	15	김제 금산사	1	합계	136

10개 이상의 인장을 보유한 사찰로는 해인사, 송광사, 표충사가 있다. 해인사와 송광사는 삼보사찰인 법보와 승보종찰로 역대 왕조로부터 다양한 보호와 혜택을 받아 왔다. 표충사는 임진왜란때 승병을 모아 큰 공을 세운 사명당 유정(四溟堂 惟政, 1544~1610)을 비롯해 청허당 휴정(淸虛堂 休靜, 1520~1604)대사와 기허당 영규(騎虛堂 靈圭, ?~1592)대사의 충훈(忠勳)을 추모하기 위하여 세운 표충사당(表忠祠堂)이 있다.

해인사는 다솔사, 법수사, 법천사 등 타사찰 주지인(승통인)을 비롯해 경상우도수사찰지인, 법종찰총섭인, 경상우도도승통인, 승계보인, 불법승보인 등이 있다. 송광사는 증심사, 미황사, 금탑사 등 타사찰 주지인과 불법승보인, 승

3 현황조사에서는 금속제 직인을 우선으로 집계하였으며, 나무로 만든 직인과 관(關), 첩(帖), 방위(防僞)인 등과 더불어 금속제 인장이라도 관인(官印)의 성격을 띠지 않은 것은 제외했다. 대구 파계사의 경우 '파계사 주직장', '파계사 선사인', '파계사종무소인', '파계사인', '대구군 파계사주직인', '파계사 승통인', '불법승보' 인은 『한국의 사찰문화재』(2007년)에서 재질을 모두 나무로 기재하고 있어 이 집계에서는 제외했다.

종찰원장인, 전라남도수사찰지인, 전남도섭리장 등이 있고, 표충사는 표충사 주지인과 표충사선교종지인, 표충사도승통지인, 대흥사주지인 등이 있다.

나머지 20여 사찰들의 소장 인장은 주지인(주직인, 총섭인 포함)과 산성 승장인이 주류를 이루고 있다.

대부분 구리합금으로 만든 사찰인의 기본적인 형태는 일반 관인과 유사하다. 손잡이는 납작한 직뉴(直鈕)가 대부분이며, 인장 몸통인 인신(印身)은 정방형과 장방형이다. 그러나 사찰 인장 중에는 관인에서 많이 확인되는 인신과 인뉴가 연결된 부분에 층급(層級)이 있는 경우도 있다.

사찰 인장의 규격을 살펴보면 사찰인은 정방형으로 가로, 세로 4.4㎝~6㎝ 크기이다. 주지인은 가로 5~6㎝ 내외이며, 세로는 7~8㎝ 내외의 장방형으로 정형화돼 있다.

삼보인은 다른 인장들보다 월등히 커서 송광사 삼보인은 가로 9.5㎝, 세로 9.1㎝이며, 천은사는 9㎝, 세로 9㎝에 이른다.

사찰인의 규격과 『경국대전』에 정해진 품계에 따른 관인 규격과 사찰 인장의 크기를 비교해 보면 표2와 같다. 표에서 살펴본 것과 같이 『경국대전』의 관인은 정사각형, 사찰인의 경우 직사각형이 많다. 사찰인 가운데 2품에 해당하는 크기는 '불종찰원장인'과 '법보종찰총섭'이 있으며 '승종찰원장인'은 3품의 사역원인과 크기가 같음을 알 수 있다.

한편 날인에 사용된 인주는 사찰에 남아 있는 각종 문서와 전적류를 살펴보면 거의 대부분 붉은 주인(朱印)을 사용했다. 이는 향교나 유명 서원에서 먹으로 찍은 묵인(墨印)이 사용된 것과는 대조적이다.

(표 2) 『경국대전』의 관인 규격과 사찰인 크기 [4]

품계	크기	사찰인	크기
종친부인 宗親府印	8.4×8.4	삼보인(송광사)	9.5×9.1
용양위장지인 龍驤衛將之印	7.9×8	법보종찰총섭인, 불종찰원로인	7.7×7.7, 7.6×7.6
사역원인 司譯院印	7.2×7.2	교룡산성승장인, 승종찰원장인(송광사)	7.5×6, 7.3×7.4
광흥창인 廣興倉印	6.7×6.7	동화사총섭인	6.6×6.8
사직서인 社稷署印	6×6	동화사인, 해인사인	6×6
중학지인 中學之印	6.2×6	미황사 주지인	6.2×8.3
		천은사인, 표충사인, 용문사인	4.5×4.5

(인신의 크기 단위 가로X세로 ㎝)

4 『한국의 사찰문화재』와 조계종 불교사회문화연구소의 조사자료 가운데 개인 인장과 낙관, 부인(符印)을 제외하고 나머지 관인에 사용되었던 첩인(帖印) 등도 포함시켰다.

3.사찰인장의 내용과 제작시기

1) 사찰인장의 내용

현재 전국 사찰에 소장된 인장의 내용에 따른 현황을 살펴보면 표3)과 같다. 표 3)과 같이 사찰 인장에는 다양한 직책이 확인된다. 이 가운데 지금 주지에 해당하는 직책으로 주직, 총섭, 섭리, 판사가 있는데 주지라는 직책명은 『삼국유사』에 신라의 국통 자장(慈藏, 590~658)스님 때부터 등장해 그 역사가 오래되었음을 확인할 수 있다.

『조계산 송광사지』에 따르면 주지는 보조국사 때부터 1831년까지 사용되었다가 1832년부터 1902년까지 총섭으로 불렸고, 1903년부터 1904년까지는 '섭리', 1905년부터 1911년까지는 '판사', 그리고 오늘날까지 '주지'로 이어지고 있다. 범어사의 경우 1613년에 묘전스님이 중건한 이후 주지는 132년간 87대, 승통은 166년간 177대, 총섭은 14년간 11대, 섭리는 4년간 3대 그리고 다시 주지로 다시 환원되었다.

주지와 동일한 직책으로 '주직(住職)'도 등장하는데 이 직책명은 20세기초에 등장했지만 주로 총독부에서 발행한 관보에 등장하고, 현실에서는 주지가 많이 쓰였다.

총섭은 모두 주지를 일컫는 직책으로 승군(僧軍)과 관련이 있다. 총섭은 임진왜란을 계기로 생겨난 임시 승직(僧職)이었지만 이후 산성을 쌓거나 지키는 일의 책임자를 도총섭(都摠攝), 실록(實錄)을 보관하는 곳인 외사고(外史庫)의 수호사찰을 비롯한 그 외 사찰 주지를 지칭했다.

'판사(判事)'는 조선시대 전국 사찰과 승려를 관장하는 일을 맡아보던 승직으로 교종사찰의 경우 교종판사(敎宗判事), 선종사찰은 선종판사(禪宗判事)라 하였다. 그러나 조선말기에 이르러서는 송광사의 경우처럼 주지의 또 다른 명칭으로 사용된 바 있다.

'승장(僧將)'은 현재 조사된 바로는 교룡산성, 입암산성, 금정산성과 관련된 직책에서만 등장하는데, 교룡산성과 입암산성은 임진왜란 이후에도 승군이 주도적으로 수비했던 곳이다. 금정산성은 1740년(영조 16)에 발간된 『동래부지(東萊府誌)』에는 1707년에 동래부사 한배하(韓配夏, 1650~1722)가 성이 너무 넓기에 남북으로 두 구역을 구분하는 중성(中城)을 쌓고 좌기청(座起廳)·내동헌(內東軒) 등의 관아 건물과 장대(將臺), 중군소(中軍所), 교련청(敎鍊廳), 군기고(軍器庫), 화약고(火藥庫), 승장소(僧將所), 산성창(山城倉) 등을 세웠다고 기록되어 있다. 금정산성 승장인은 승장소의 승장이 사용했던 직인으로 보인다.

삼보인과 관련된 기록으로는 『조선왕조실록』에 1457년 세조가 '불법승보

(佛法僧寶) 4자를 새긴 삼보인(三寶印)을 주조(鑄造)해 지평(砥平)의 용문사(龍門寺)에 보냈다'는 기사가 전한다.

삼보인은 기본적으로 '불법승보(佛法僧寶)' 4자를 새기는 것이 일반적이지만 경남 양산 통도사 소장 '강희십년명(康熙十年銘, 1671) 삼보인'은 '불법공덕(佛法功德)' 4자를 새겼으며, 밀양 표충사 소장 삼보인은 '불법승인(佛法僧印)'이 새겨져 있다. 또한 경주고적보존회에서 발행한 엽서에는 '불국사불법승(佛國寺佛法僧)'이 새겨진 삼보인도 확인된다.[5]

아직 정확한 용도와 내용을 알 수 없는 인장 중에는 동화사, 표충사, 해인사에 소장된 '승계보인(僧戒寶印)'이 있다. 인장의 내용으로 보아 계첩(戒牒) 등에 사용된 것으로 보이지만 일제강점기에 발행한 송광사(1937년)와 통도사(1924년)의 계첩에는 모두 삼보인이 사용된 점을 고려한다면 승계보인의 정확한 사용처는 아직까지는 알 수 없다.

그러나 통도사 소장 건륭 19년(1754) 첩정(牒呈)과 광주 문빈정사 소장『수륙잡문』에 이 인장이 찍혀 있는 것으로 보아 규정소 혹은 의식과 관련이 있는 것으로 추정된다. 아울러 이러한 사례를 충분히 검토하면 승계보인의 사용처에 대한 연결고리를 찾을 수 있을 것으로 보인다.(사진3)

이밖에 수사찰(首寺刹)의 인장은 해인사와 동화사의 '경상우도수사찰인(慶尙右道首寺刹印)'과 송광사에 '전라남도수사찰인(全羅南道首寺刹印)'이 있다. '승통(僧統)'은 고려시대 국가에서 시행하는 교종선(教宗選)에 합격하면 대선(大選)을 거쳐 최고지위인 승통에 이르는데, 조선 전기에는 사라졌다가 중기 이후 다시 부활했다. 그러나 고려의 승통과는 달리 조선 후기에는 승풍규정(僧風糾正) 등을 주요 업무로 담당했다. 대표적으로 정조 때 용주사에 '팔도도승통'을 두었고 5규정소 가운데 한 곳으로 지정해 전국의 승려를 규정하고 교단을 통솔할 수 있는 권한을 부여했다.[6]

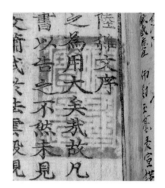

사진3) 광주 문빈정사 소장『수륙잡문』에 찍힌 '승계보인'. (이홍식 제공)

(표 3) 사찰 인장 내용 분류[7]

내용	내용(소장사찰)
주지인(住持印)	동화사, 송림사, 불갑사, 증심사, 미황사, 금탑사, 보국사, 대흥사(순천), 엄천사, 단속사, 쌍계사(김천), 청곡사, 안정사, 화방사, 송광사, 원암사, 천은사, 대흥사, 법수사, 법천사, 원암사, 대승사, 기림사
주직인(住職印)	밀양군표충사, 진남군안정사, 안정사, 장성군정토사, 정토사, 영광군불갑사, 고성군와룡사, 쌍계사, 남해군용문사, 용문사, 천은사, 언양군석남사, 진주군옥천사, 옥천사, 대구군파계사, 파계사
총섭인(摠攝印)	동화사, 송광사, 법종찰(해인사), 용흥사
섭리인(攝理印)	전남도, 경우도
승장인(僧將印)	교룡산성, 입암산성, 금정산성
삼보인(三寶印)	불법승보, 불법승인, 불법공덕
수사찰인(首寺刹印)	경상우도, 전라남도
사찰인(寺刹印)	동화사, 운흥사, 용문사, 월정사, 천은사, 표충사, 해인사, 안정사, 운흥사, 옥천사, 기림사, 송광사

5 『불국사』, 불국사박물관, 2018. 172쪽.

6 김용태,『조선후기 불교사 연구』, 신구문화사. 2010. 70~71쪽

판사인(判事印)	송광사 판사인, 판사지장(송광사)
도총섭인(都摠攝印)	영남, 속리사, 안정사경남도
도판사인(都判事印)	속리사
승종찰원장인(僧宗刹院長印)	송광사(통도사와 해인사에는 불종찰원장인(佛宗刹院長印), 법종찰총섭인(法宗刹摠攝印)이 있다)
도승통인(都僧統印)	표충사, 경상남도
승계보인(僧戒寶印)	동화사(2), 표충사, 해인사(2)
승통인(僧統印)	다솔사, 수다사, 안정사, 청암사, 파계사
기타	지급, 방위, 천은사승경장, 표충사선교종, 표충사만일회도감, 약산연사, 관음찬앙설, 卍, 파계사종무소, 파계사선사, 삼강방위, 옴(ㅎ), 관첩인(關帖印) 등

2) 사찰 인장의 제작시기

사찰 인장 대부분은 조선 후기에 조성된 것으로 알려졌을 뿐 제작연대가 명확하게 밝혀진 것은 많지 않다. 이번 연구를 통해 확인된 사찰 인장 중에 제작연대가 정확하게 확인된 것은 해인사 삼보인 1457년, 법천사 주지인 1694년(해인사 소장), 통도사 불법공덕인 1671년, 송광사 주지인 1705년 등이다.

이들 인장에는 침서(針書) 혹은 음각으로 제작연대를 새겨 넣었는데, 해인사 삼보인에는 인신 윗면에 '천순원년팔월(天順元年八月)', 법천사 주지인은 손잡이에 '강희삼십사년갑술이월일(康熙三十四年甲戌二月日)', 통도사 불법공덕인은 손잡이 양면에 '통도사(通度寺)'·'강희십년(康熙十年)'을 각각 새겼다. 송광사 주지인은 '강희사십사년송광사(康熙四十四年松廣寺)'가 인신 윗면에 좌우에 침서로 새겼다.

해인사 삼보인은 1457년 제작되었는데, 이는 그해 2월 세조가 신미스님 등에게 명하여 해인사 대장경 제3차 인경을 진행하면서 발급한 것으로 보인다. 특히 이때는 세조가 예조에 명을 내려 '불법승보(佛法僧寶)의 4자를 새긴 삼보인(三寶印)을 주조(鑄造)해 지평(砥平)의 용문사(龍門寺)에 보내라'했다. 결국 6월에 용문사, 8월에 해인사에 삼보인을 보낸 것으로 이 두 인장은 같은 형태로 만들어졌을 것으로 보인다. (사진 4-1, 2)

그 외에 인장에서는 제작연대가 새겨진 경우가 거의 없어 인장의 내용을 통해 제작시기의 윤곽을 추정할 수 있다.

송광사 소장 '송광사총섭인(松廣寺摠攝印)'은 1830년 율목봉산(栗木封山)을 정하면서 송광사 총섭과 율목도별장(栗木都別將)에게 인신(印信)과 장패(將牌)를 주어 봉표안의 모든 일을 함께 입회하게 한다는 기사가 『조계산송광사사고-산림부』에 소개돼 있다.[7] 따라서 송광사 총섭인은 1830년에 조정에서 제작돼 발급되었음을 알 수 있다.

이와 함께 송광사판사인(松廣寺判事印)과 판사지장(判事之章)은 1904년 '기로소원당세칙(耆老所願堂細則)'에 판사 1인을 두게 하였다는 기록에 따라

7　조명제 외, 『역주 조계산 송광사사고-산림부』, 혜안, 2009. 19~25쪽.

기로소가 설치된 1904년에 제작된 것으로 이는 송광사 주지 방함(芳銜)과 일치한다. 이때 주지는 율암 찬의(栗庵贊儀, 1867~1929)였다.[8] '전라남도수사찰인(全羅南道首寺刹印)'은 1902년 궁내부 소속의 관청인 관리서(管理署) 관할 아래 전라남도수사찰의 지위에 오르면서 발급된 인장으로 제작시기 또한 이때로 보인다.[9] 주지인은 시대에 따라 다양한 형태로 그 내용이 구분되고 있다. 주지에 해당하는 직책으로 주직(住職), 총섭(摠攝), 섭리(攝理), 판사(判事) 등이 있다.

주직인은 '인(印)' 대신 '장(章)'을 쓰는 경우도 있으며, '주직(住職)'은 일제강점기가 시작되는 1910년 이후 사용되었는데 「조선총독부 관보」 제1064호 (1916. 2. 23.) '주직계출(住職届出)'조에 진언종 승려를 주직으로 발령한 사실을 기록하고 있다.[10]

또한 '진남군 안정사 주직인'에 등장하는 진남군은 1900년 통제영을 폐지하고 진남군(鎭南郡)을 설치했다가, 평안남도 진남포와 혼동을 피하기 위해 1910년 '용남군'으로 고쳤다고 한다. 따라서 안정사 주직인은 1900년부터 1910년 즈음에 제작됐을 것으로 판단된다.

'진주군 옥천사 주직인'의 진주군은 1896년에 13도제 실시로 경상남도의 진주군이 되었다고 한다. 따라서 옥천사 주직인 또한 1896년 이후에 제작됐음을 알 수 있다.

주지인에 등장하는 사찰 중에는 현재까지 법등이 이어지고 있는 곳도 있지만 산청 단속사(斷俗寺), 완주 원암사(圓巖寺), 순천 대흥사(大興寺), 함양 엄천사(嚴川寺), 고성 법천사(法泉寺) 등은 현재 폐사되어 그 터만 전해오고 있다.

이 사찰의 폐사 시기를 살펴보면 주지인의 제작시기를 추정할 수 있다. 먼저 산청 단속사는 1710년 이전에 폐사된 것으로 알려져 있으며, 완주 원암사는 1799년 편찬된 『범우고(梵宇攷)』에 이미 폐사가 된 것으로 확인된다. 원암사는 1622년 화재 후 중건해, 1712년 무경 자수(無竟子秀, 1664~1737)스님이 100여 대중들을 모아 강의를 한 사실이 있다.[11] 따라서 원암사의 주지인을 비롯한 폐사된 사찰의 주지인은 18세기에는 이미 제작되었을 것으로 보인다.

엄천사는 1745~1760년에 작성된 「비변사인방안지도」에 군자사와 함께 남아 있었고, 1790년 이동항(李東沆, 1736~1804)의 『방장유록(方丈遊錄)』에 "엄천사에 묵었는데, 엄천사는 큰절이었으나 지금은 거의 무너졌다"고 하였으며, 1834년의 「청구도」와 1861년의 「대동여지도」에서는 보이지 않는다. 따라서 엄천사도 18세기 말에서 19세기 초에 완전 폐사가 되었음을 알 수 있으며, 인장의 제작시기도 그 이전이었음을 추정할 수 있다.

사진4) '천순원년(天順元年)'명 해인사 삼보인.(해인사소장)

8   임석진, 『송광사지』, 도서출판 송광사, 2001. 68~69쪽

9   임석진, 위의 책. 232쪽

10   「조선총독부 관보」 제1064호, 新義眞言宗智山派 大師寺 木浦府 丸尾盛諒, 眞宗本願寺派 本瑞寺 仁川府 廣橋了以, 眞宗本願寺派 本誓寺 京城府 新田麗圓

11   무경 자수, 김재희 옮김, 『무경집(無竟集)』, 동국대학교 출판부, 2013. 473쪽.

3) 사찰 인장 사용 사례 검토(송광사를 중심으로)

송광사에는 일제강점기를 포함해 그 이전에 작성된 다양한 문헌자료들이 남아 있다. 이들 문서에는 중앙 정부와 지방 관아의 관인이 찍힌 것과 송광사를 비롯한 다른 사찰의 직인이 찍힌 것들도 있다. 이 가운데 사찰 인장이 찍힌 문헌을 대상으로 그 사용처에 대해 알아보기로 한다.

① 「순천동화사 전답개간 계약서(順天桐華寺田畓開墾契約書)」

1928년 4월 10일, 순천군 동초면 대룡리에 사는 정찬경(鄭燦庚), 정찬도(鄭燦都)에게 동화사 소유 임야를 논과 밭으로 개간할 수 있게 하고 그에 따른 규제와 소작료 등에 대한 계약서로 '동화사 주지인'을 간인(間印)과 동화사 주지 이동수(李東秀) 서명 위치에 찍었다.

② 「전답양도계약서(田畓讓渡契約書)」

1940년 5월 8일, 평북 희천군 남면에 사는 김준수(金俊洙)와 송광사 주지 임석진(綺山 錫珍, 1892~1968)스님간의 전답 양도 계약서로 양도인의 사망 후 삼일암 선원에서 기제(忌祭)를 지내줄 것을 명시하고 있다. 기증된 토지는 평북 희천군 남면에 있는 3곳의 논과 밭 2,992평이다.

계약서 첫 장 상단에는 1전과 2전 수입인지가 각각 붙어 있는데 2전 인지에는 송광사 주지인이, 1전 인지에는 김준수의 도장이 찍혀 있다.

③ 『송광사 청진암 전장록』

1924년 1월 1일 작성된 『청진암 전장록(淸眞庵 傳掌錄)』은 일종의 재산목록으로 표지에 송광사인(松廣寺印)이 바르게 찍혀 있고, 재산목록이 있는 내지에는 송광사인이 마름모꼴로 간인(間印)돼 그 문서의 공신력과 직결된다.

④ 도서인

도서인(圖書印)은 책이나 그림, 글씨 등에 찍는 일정한 격식을 갖춘 도장으로 주로 소유자, 소장처를 알려주는 기준이 된다.

송광사 소장 전적류 중에는 송광사인(松廣寺印)뿐만 아니라 경상우도승통인(慶尙右道僧統印, 『해인사고적』), 실상사인(實相寺印, 『실상사지(實相寺誌)』), 옥룡사승장주지인(玉龍寺僧將住持印), 『백계산옥룡사증익선각국사비명(白鷄山玉龍寺贈諡先覺國師碑銘)』)이 날인된 것도 있다.

실상사인이 찍힌 『실상사지』는 포광스님(包光, 1884~1967)이 직접 작성한 것으로 본문 곳곳의 오자(誤字)에 스님의 정정인(訂正印)이 날인돼 있다.

⑤ 삼보인

삼보인(三寶印)의 사용 사례를 조사하는 것은 이 인장이 어떤 용도로 만들어졌는지를 규명하는 중요한 열쇠가 된다. 『한국민족문화대백과사전』과 『불교학대사전』(홍법원 발행) 등에서는 호부(護符)의 개념을 강조했지만, 실제 사용 사례를 살펴보면 계첩(戒牒)과 절목(節目), 고목(告目) 등에서도 확인된다.

계첩 사용사례로는 1924년 통도사와 1937년 송광사에서 발행한 호계첩과 「전남도승풍규정절목(全南道僧風糾正節目)」(보림사 소장)과 『동학사총섭승문고(東鶴寺摠攝僧文告)』(개인소장) 등에도 직인처럼 여러 개가 날인돼 있다.[12] (사진5)

사진5) 보림사 사천왕상 출토 복장 유물 가운데 하나인 『천지명양수륙재의찬요』에 삽입된 「전남도승풍규정절목(全南道僧風糾正節目)」에 찍힌 삼보인.(보림사 소장)

보림사 소장 『전남도승풍규정절목(全南道僧風糾正節目)』(이하『절목』)은 담양 용흥사에 소장된 '관부문서(官府文書)'와 같은 내용을 담고 있는데 용흥사 문서에는 제목 부분이 유실된 채 전해 오고 있어 이를 「관부문서」로 불렀다.[13] 이 문서의 끝에 '순치구년유월일겸순찰사(順治九年六月日 兼巡察使)'라는 묵서가 있어 작성 연대와 작성자(배포자)가 명확해 조선 후기 규정소(糾正所) 관련 연구에 중요한 자료로 평가받고 있다.

용흥사『절목』에는 '전라도순찰사인'으로 추정되는 12개의 관인이 찍혀 있지만, 보림사『절목』에는 10개의 삼보인이 확인된다.

일본의 경우 '삼보인을 기도찰(祈禱札), 납경찰(納經札), 순례첩(巡禮帖) 등에 사용했지만 조선시대에는 앞서 살펴본 바와 같이 공식적인 문서에 사용된 예가 많아 삼보인에 대한 정확한 정의가 필요하다.

4. 삼보종찰의 인장과 그 의의

한국의 대표적인 사찰로 불법승(佛法僧) 삼보를 각각 상징하는 통도사와 해인사, 송광사에는 다양한 내용의 인장이 남아 있다. 이들 인장의 상세한 현황은 표4와 같다.

(표 4) 사찰 인장 소장 현황

사찰명	타사찰 인장	비고
통도사	용추사(해), 용추암(해), 신흥사(통), 불종찰원장인(佛宗刹院長印), 경상남도수사찰지인, 총섭신장	
해인사	쌍계사(해), 법천사, 안정사(통), 청곡사(해), 용흥사(통), 법수사, 청암사(해), 다솔사(해), 수다사(해), 화방사(해), 엄천사, 단속사, 법종찰총섭인(法宗刹摠攝印), 경상우도수사찰지인, 경우도섭리장, 승계보인, 경상우도승통인	(통)은 통도사, (해)는 해인사, (송)은 송광사로 「태고사법」에 근거해 본말사 관계를 밝혔다.[14]
송광사	보국사(송), 증심사, 금탑사(송), 미황사, 대흥사, 원암사, 승종찰원장인, 전남도섭리장, 판사지장, 전라남도수사찰지인, 송광사판사인, 송광사총섭인, 송광사주지인	

12 충남 공주 동학사(東鶴寺) 총섭(摠攝) 자일(自一)스님이 생원(生員)에게 보낸 문고로 1728년 화재와 관련된 내용을 담고 있다. 작성 시기는 동학사 화재와 중건 등을 고려해보면 문고에 적힌 기축년은 1829년으로 보인다. 크기는 가로 67cm, 세로 83cm로 한옥션 127회 현장 경매에 출품되었던 문서이다.

13 전남 장흥 보림사 사천왕상 출토 『천지명양수륙재의찬요』(1574년 송광사 판각)에 삽입된 「전남도승풍규정절목」은 모두 2매로 구성돼 있다.

14 권상로, 『한국사찰사전(韓國寺刹事典) 上下』, 이화문화출판사, 1994.
안진호, 『석문의범』, 법륜사, 1968.

사진6) 경상우도수사찰지인(해인사 소장)

불보종찰 통도사, 법보종찰 해인사, 승보종찰 송광사에 소장된 다수의 다른 사찰 인장들이 어떤 이유로 삼보사찰에 오게 되었는지는 자세한 기록이 없어 알 길이 없다. 다만 이들 사찰이 조선 후기 본말사 관계가 아니었나 하는 추측만 할 뿐이다.

1911년 조선총독부가 공포한 「사찰령」에 근거해 이들의 본말사 관계를 확인해 보았다. 이 가운데 해인사 소장 인장 사찰 중에서 법수사, 엄천사, 단속사, 법천사는 이미 폐사가 되어 그 소속이 확인되지 않고 있다. 송광사의 경우 증심사와 순천 대흥사는 선암사, 미황사는 해남 대흥사, 원암사는 위봉사가 본사로 되어 있다.

1911년 사찰령 공포 이전 본말사 관계를 유추해 볼 수 있는 내용이 『송광사지』에 전한다. 1842년 화재로 송광사가 큰 피해를 보았다. 이때 복구 불사 부역에 동참한 사찰들 가운데 선암사 말사였던 증심사와 순천 대흥사, 그리고 해남 대흥사 말사였던 미황사가 참여했다. 또한 31교구 본사였던, 위봉사, 대흥사(대둔사), 선암사, 백양사, 보석사, 화엄사도 포함돼 있다.

이때 송광사 복구 불사에 동참한 사찰들은 전라감영에 있는 사찰들이었다. 『송광사지』에 따르면 용운 처익(龍雲 處益, 1813~1888)스님이 영문(營門;전라감영)과 협의해 전라도에 있는 사찰들에 송광사 복구 부역에 동참할 것을 하달했다. 이에 위봉사를 비롯해 50여 사찰들이 부역을 하거나 방전(防錢)을 냈다.[15] 이러한 사례는 본말사 관계라기보다는 각 지역 사찰들이 감영의 통제하에 있었음을 의미한다.

위봉사의 말사였던 원암사는 전북 완주 청량산(지금의 원등산)에 있던 신라시대 때 자장율사에 의해 창건되었다가 임진왜란과 1622년 화재로 소실된 후 중창되었다. 이후 1712년 무경 자수스님이 원암사의 요청으로 강석(講席)을 열어 법등을 이었지만 1799년에 편찬된 『범우고』에는 이 절이 폐사된 것으로 표기돼 있다.[16]

원암사의 경우처럼 1842년 당시 이미 폐사한 사찰의 인장이 송광사로 와 있다는 사실은 단순한 사안이 아님을 의미한다. 특히 해인사 소장 사찰 인장 중에 쌍계사, 법천사, 용흥사, 법수사, 엄천사, 단속사는 18~19세기 즈음에 모두 폐사한 곳이다.

이런 사찰의 인장이 송광사나 해인사로 전해진 것은 해당 사찰들이 지금의 본말사와 유사한 성격의 관계를 맺고 있었음을 의미한다고 보아야 할 것이다. 그 외 현존하는 사찰들의 경우도 마찬가지로 일제강점기 31본산 제도가 성립되면서 기존에 사용하던 인장들을 본사 즉 관할사찰에 모두 반납하고 새로운 인장을 만들어 사용한 것으로 볼 수 있다.

15 임석진, 『송광사지』, 도서출판 송광사, 2001. 26~30쪽, 61쪽
16 유근자, 『조선시대 왕실발원 불상의 연구』, 불광출판사, 2022. 635~639쪽

특히 해인사가 소장한 '경상우도수사찰지인(慶尙右道首寺利之印)'은 해인사가 경상우도의 수사찰로 앞서 언급한 쌍계사 등의 사찰을 통솔하고 있었음을 증명하고 있다. 이는 송광사도 마찬가지로 보국사, 증심사, 금탑사, 미황사, 순천 대흥사가 모두 전라남도에 있는 사찰로 이는 송광사가 전라남도 수사찰이었다는 사실에서도 알 수 있다. 그러나 원암사는 전북 완주에 있는 사찰로 '원암사주지인'이 송광사에 온 이유로 1703년 송광사가 전라좌도 규정소가 된 것과 연관이 있어 보인다.

따라서 일제의 31본사 제도 실시 이전에 앞서 밝힌 바와 같이 1904년 관리서 관할 아래 '수사찰(首寺利)' 제도가 정립되면서 이에 따른 수말사(首末寺)가 지역별로 형성되었음을 확인할 수 있다. (사진6)

한편 통도사, 해인사, 송광사에는 다른 사찰에서는 볼 수 없는 삼보사찰임을 규정지은 불종찰원장인(佛宗利院長印), 법종찰총섭인(法宗利摠攝印), 승종찰원장인(僧宗利院長印)이 있다. 삼보종찰의 개념이 언제 성립되었는지는 정확히 알 수 없지만 조선 중기로 추정하는 설도 있다. 송광사 소장의 자료 중에 1842년 홍석주(洪奭周, 1744~1842)가 지은 「연천옹유산록(淵泉翁遊山錄)」에 '불가에서 말하기를 동국의 사찰에 삼보가 있는데 통도사는 부처의 두골(頭骨)이 있기 때문에 불보(佛寶)요, 해인사는 용궁의 장경이 있기 때문에 법보(法寶)요, 이 절은 승보(僧寶)라고 하는데 보조 이하 16국사가 나왔기 때문이다'라고 했다.

또한 응운스님(應雲, 1794~?)의 『응운공여대사유망록(應雲空如大師遺忘錄』의 「송광사기(松廣寺記)」에 '인재 배출이 16국사 이후로부터 대대로 끊이지 않으니, 사람들이 조계산을 승보(僧寶)라 부르는 것이 정말 거짓이 아니로다'하였다. 이 기문은 응운스님이 1816년부터 1817년까지 호남을 돌아다녔을 때 송광사를 방문하고 지은 것으로 보이는데, 이 당시에 이미 송광사를 승보사찰로 인식하고 있었음을 알 수 있다. 통도사와 송광사의 불종찰원장인, 승종찰원장인에 등장하는 '원장'이라는 직책은 18세기에 들어서 국가가 지원해 승려의 충의를 기리고 공식 향사(享祀)를 하는 사원(祠院)을 건립하면서 이곳의 책임자를 종정(宗正), 원장(院長)이라 했다.[18] 다만 해인사가 법종찰총섭이 된 것은 대장경판을 수호하는 사찰로서 그 의미가 부각되었기 때문으로 판단된다. (사진 7-1, 2, 3)

이러한 직책이 통도사와 해인사, 송광사에 적용됐다는 것은 국가에서 삼보사찰에 대한 인식이 남달랐음을 보여주는 사례라고 할 수 있다.

따라서 삼보사찰에 대한 개념은 홍석주가 「연천옹유산록」을 지은 1824년 이전에 이미 당시 불교계에 그 개념이 명확히 성립돼 있었음을 알 수 있다.

사진7-1) 삼보사찰인 통도사 불종찰원장인(佛宗利院長印)

사진7-2) 삼보사찰인 해인사 법종찰총섭인(法宗利摠攝印)

사진7-3) 삼보사찰인 송광사 승종찰원장인(僧宗利院長印)

17 김용태, 『조선 후기 불교사 연구』, 신구문화사, 2010. 72쪽

3. 글을 마치며

사찰 인장은 그 중요성에 비해 그동안 연구가 미진한 부분이 많았다. 일부 인장의 경우 오독(誤讀)으로 혼선을 빚는 경우도 있었다. 이번 사찰 인장 특별전은 비록 삼보종찰에 한정된 연구와 전시이지만 몇 가지 성과를 얻을 수 있었다.

그 가운데 해인사 삼보인처럼 유물의 상태에 따라 판독되지 않았던 명문(銘文)이 확인됨에 따라 그동안 막연히 조선후기로 알려졌던 제작연대가 천순 원년 즉 1457년에 제작된 것으로 밝혀졌으며, 이는 세조의 명에 따라 진행된 대장경 인경불사와 연관된 유물일 가능성을 제시했다.

조선 후기 본말사 관계와 삼보인이 가진 성격을 일부 규명했다는 점도 하나의 성과다. 그러나 아직 넘어야 할 산이 많다. 전국 사찰에 소장된 인장과 문헌에 찍힌 날인의 전수 조사는 물론 정확한 판독을 통해 그 사용처와 제작시기, 제작처 등을 정리해야 된다.

이번 전시를 통해 해인사 소장 사찰 인장은 모두 경상우도에 속한 사찰들로 이는 해인사 소장 '경상우도수사찰인'과 깊은 연관이 있다. 송광사는 1902년 전라남도수사찰로 관리서 관할 아래 전라남도의 많은 사찰을 통솔했다는 점은 일제의 31본사와 그에 따른 말사 제도 이전에 수사찰과 그에 따른 말사제도 즉 수말사(首末寺)제도가 정착돼 있었음을 확인시켜주고 있다.

따라서 31본산 제도에 따른 소속 말사의 편제는 수말사 제도를 기본으로 이를 확대 개편하고 지역에 따른 안배를 했다고 볼 수 있다.

조선 후기 사찰 인장은 대부분 예조에서 제작된 것으로 보이는데『인신등록』에도 서악사 주지인, 진해사 승통인과 총섭인 등을 발급한 사실을 확인했다. 이처럼 사찰 인장이 관(官)의 주도로 제작, 발급되었다는 것은 큰 의미가 있다. 특히 향교나 서원 등의 문서에서는 잘 보이지 않는 주인(朱印)을 사용했다는 점은 조선 후기 사찰의 위상이 어떠했는지를 알 수 있는 지표가 된다. 이 같은 이유로는 왕실의 원당과 능침 및 향탄봉산과 깊은 관련이 있으며, 여기에 승군의 역할 또한 국가 운영에 지대한 영향을 끼쳤을 것이다.

흔히 조선시대를 숭유억불 시대라고 하지만 사찰 인장이 가진 의미는 억불보다는 종교의 국가통제와 관리적 상징성이 더 강하다. 비록 정치적인 견제와 억압은 있었을지언정 그 위상마저 추락한 것은 아니었음을 반증하는 자료라는 점에서 사찰 인장의 중요성은 더욱 커진다.

삼보종찰의 인장을 통해 조선 후기 사회에서 이 세 사찰이 갖는 중요성과 상징성은 지금까지 알려진 것보다 더 큰 위상을 지닌 것으로 보인다. 다른 사찰에서는 볼 수 없는 불종찰원장인(佛宗刹院長印), 법종찰총섭인(法宗刹摠攝印), 승종찰원장인(僧宗刹院長印)이 통도사, 해인사, 송광사에 발급되었다는 것은 삼보종찰을 국가적으로 공인한 것으로 볼 수 있기 때문이다.

앞으로 조사와 연구가 더 진행되어야 하지만 사찰 인장이 갖는 의미는 갈수록 더 커질 수밖에 없다. 특히 조선 후기 승단의 위계와 역할 등을 규명할 수 있는 실증적인 자료라는 점에서 그 중요성은 새롭게 조명되어야 한다.

분석결과 보고서

순천 송광사 인장(印章)의 과학적 분석

순천 송광사 인장(印章)의 과학적 분석 결과

연구진 구성

책임수행기관	한국전통문화대학교 산학협력단 (한국전통문화대학교 무기질문화재과학기술연구실)
연구책임	**한민수** 한국전통문화대학교 문화재수리기술학과 교수
연구원	**박민정** 한국전통문화대학교 문화재수리기술학과 박사과정 **오은정** 한국전통문화대학교 문화재수리기술학과 석사과정

목차

Ⅰ 조사 개요
1. 분석 대상
2. 분석 내용 및 분석 장비

Ⅱ 분석 결과
1. 인장(印章) 및 인장 보관함(保管函)의 재질 특성
2. 인장(印章) 및 인장 보관함(保管函)의 색상 및 표면상태

Ⅰ. 조사 개요

1. 분석 대상

본 분석은 삼보종찰인 통도사, 해인사, 송광사에서 보관하고 있는 인장(印章)과 인장보관함을 대상으로 성분분석을 실시하여 어떠한 재질의 금속을 사용하여 제작하였는지와 인장들의 색상 차이와 표면상태 등 전체적인 재질 특성을 파악하는 것을 목적으로 과학적 분석을 수행하였다.

분석 대상은 송광사 인장 17점과 보관함 2점, 해인사 인장 23점과 보관함 2점, 통도사 인장 9점과 보관함 4점 등 총 57점이다. 인장은 육안적으로 색상의 차이가 일부 존재하였으며, 손잡이와 인장부의 특성에 차이가 있는지 확인하기 위하여 각 지점을 분리하여 분석위치를 선정하여 분석을 진행하였다. 보관함은 일부 섬유나 옻칠, 목재를 사용한 것으로 판단되어 몸체에 대한 분석은 별도로 실시하여 않았으며, 장식 부위를 분석하여 사용된 금속 재질을 파악하고자 하였다. 분석 시에는 분석 대상이 지닌 문화재적 가치와 현장 상황을 고려하여, 비파괴 분석을 실시하였다.

사진1) 송광사 인장

2. 분석 내용 및 분석 장비

순천 송광사 인장 및 인장 보관함에 대한 기초 상태를 파악하고, 제작에 사용된 금속 재료의 성분, 표면 상태를 파악하기 위하여 비파괴 표면 성분분석과 색차측정, 현미경 촬영을 수행하였다.

2-1. 성분분석

현장에서 성분 분석은 휴대용 형광X-선분석기(Niton™ XL5 Plus, Thermo Scientific™, U.S.A)를 이용하였다. 선정된 모든 분석지점에 대하여 분석을 수행하였으며, 대기 환경에서 분석하였다. 분석 조건은 6 ~ 50 kV, 0 ~ 500 μA, Ag anode, 디텍터는 Silicon Drift Detector 이며, 분석 시에는 Mining Mode와 Alloy Mode를 이용하였으며 각 75초, 60초씩 측정하였다. spot size는 8 ㎜이다.

2-2. 색차 분석

색차계(CM-700d, Konica Minolta, JPN)를 이용하여 안료의 색상 정보를 확인하였다. 측정 시에는 표면이 평탄하고, 먼지나 오염물이 없고 색상 분포 면적이 직경 10 mm 이상인 부분에 대해서 수행하였다. 표준광원 D65, 분석 면적 10 mm 이며, 분석 지점별로 3회씩 측정한 후 값을 평균내어 사용하였다.

측정된 색도 값은 채색에 사용된 안료의 색상에 대한 기초자료로 활용할 수 있을 뿐 아니라 안료의 오염 또는 열화 정도를 파악하고 추후 비교 자료로 활용될 수 있도록 CIE Lab 색공간 값으로 나타냈다. 측정된 L*, a*, b* 값은 색도의 척도를 나타내는 값으로, L*는 명도로 1 ~ 100의 범위에서 0에 가까울수록 어두워지며, 채도를 의미하는 a*, b*는 색상으로 a*를 기준으로 +방향으로 갈수록 red를, -방향으로 갈수록 green을 나타냄 또한 b*는 +방향으로 갈수록 yellow를, -방향으로 갈수록 blue의 색을 의미한다.

2-3. 현미경 촬영

인장의 손잡이와 인장부, 인장 보관함의 금속 장식에 대한 표면 상태를 휴대용 현미경(Tough tg-6, Olympus, JPN)을 사용하였으며, 10배의 배율로 확대하여 촬영하였다.

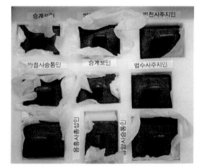

사진2) 해인사 인장

II. 분석 결과

1. 인장 및 인장 보관함의 재질 특성

인장의 성분분석 결과, 대부분 청동(구리+주석+납)의 3원계 합금으로 이루어져 있거나 황동(구리+아연)의 2원계 합금으로 되어있다. 또한, 인장부(몸체)와 손잡이 부분은 모두 동일한 금속으로 되어 있다. 따라서 인장의 제작 시 청동 또는 황동을 이용하여 한번에 주물로 제작한 것으로 추정된다. 일부 인장은 철기와 목재를 사용하여 제작한 것이 있으며, 암석으로 추정되는 인장도 1점 존재한다.

인장의 제작에 사용된 합금의 성분비를 비교한 결과, 합금의 비율의 서로 차이가 있어 동일한 시기나 동일한 제작자(공방)에서 만들졌을 가능성은 매우 낮은 것으로 판단된다. 물론, 비파괴 분석이며, 대부분의 분석지점에 부식물이 존재하고, 인주가 표면에 묻어있어 정확한 성분비율을 추정하거나 서로 비교하기에는 무리가 있다.

인장 보관함의 경우, 장식품으로 사용된 금속에 대한 성분분석 결과 청동과 황동을 주로 사용하였으며, 열쇠와 자물쇠는 황동을 사용한 것으로 판단된다. 일부 인장함은 철을 사용한 경우도 1점 있다.

2. 인장 및 인장 보관함의 색상 및 표면 상태

2-1. 색상

색상은 각 인장과 인장보관함에서 차이를 보이는데, 이는 기본적으로 인장이나 인장보관함을 제작할 때 사용한 금속 재료의 차이와 합금 비율의 차이에서 나타나는 특징이다. 또한 장기간 사용에 따른 표면의 오염물 부착과 부식물의 존재 유무나 양에 따라서 색상 차이가 발생하는 것으로 판단된다.

2-2. 표면상태

현미경을 통한 표면 상태관찰 결과, 표면이 잘 가공되어 광택을 가지며, 요철이 없는 부분은 주로 손잡이 부분이다. 그러나 인장부(몸체)에서는 부식물의 존재와 탈락에 의한 요철이 관찰되며, 미세한 틈들도 관찰된다. 인장부나 손잡이에서 관찰되는 요철은 주조 시 생성된 것으로 판단된다. 또한, 인장보관함의 장식품에서도 표면의 광택과 요철이 거의 관찰되지 않고 있다.

사진3) 해인사 인장 보관함

No.	유물명 및 유물번호	성분 분석결과						
1	'불법승보' 인 ('佛法僧寶' 印) 도판번호 50	Cu	Pb	Sn	Fe	Zn		
		73.1	13.9	10.6	1.07	0.385		
		▶ 손잡이 추정 결과 : 청동 ▶ 몸체 추정 결과 : 청동						
2	송광사인 (松廣寺印) 도판번호 54	Cu	Sn	Pb	Zn	Fe		
		72.9	12.7	7.29	5.13	0.699		
		▶ 손잡이 추정 결과 : 청동 ▶ 몸체 추정 결과 : 청동						
3	승종찰원장인 (僧宗刹院長印) 도판번호 51	Cu	Zn	Pb	Fe	Sn		
		69.8	23.4	5.24	0.680	0.370		
		▶ 손잡이 추정 결과 : 황동 ▶ 몸체 추정 결과 : 황동						
4	보국사주지인 (補國寺住持印) 도판번호 63	Cu	Pb	Sn	Fe	Zn		
		61.5	21.9	5.98	5.27	3.95		
		▶ 손잡이 추정 결과 : 청동 ▶ 몸체 추정 결과 : 청동						
5	증심사주지인 (證心寺住持印) 도판번호 65	Cu	Pb	Sn	Si	Al	Zn	Fe
		59.3	27.8	7.41	2.27	1.13	0.685	0.453
		▶ 손잡이 추정 결과 : 청동 ▶ 몸체 추정 결과 : 청동						
6	금탑사주지인 (金塔寺住持印) 도판번호 60	Cu	Pb	Fe	Sn	Zn		
		54.2	26.7	11.7	5.39	0.191		
		▶ 손잡이 추정 결과 : 청동 ▶ 몸체 추정 결과 : 청동						
7	미황사주지인 (美黃寺住持印) 도판번호 62	Cu	Pb	Fe	Sn	Zn		
		64.4	22.4	7.79	3.54	0.909		
		▶ 손잡이 추정 결과 : 청동 ▶ 몸체 추정 결과 : 청동						

No.	유물명 및 유물번호	성분 분석결과						
8	대흥사주지인 (大興寺住持印) 도판번호 61	Cu	Pb	Sn	Zn	Fe		
		61.6	26.9	6.90	1.78	1.78		
		▶ 손잡이 추정 결과 : 청동 ▶ 몸체 추정 결과 : 청동						
9	원암사주지인 (圓巖寺住持印) 도판번호 64	Cu	Pb	Sn	Zn	Fe		
		60.3	20.7	7.64	6.53	3.39		
		▶ 손잡이 추정 결과 : 청동 ▶ 몸체 추정 결과 : 청동						
10	벽담행인 해동응회 (碧潭幸仁 海東應會) 송광-1482	▶ 주성분 : Si, Al ▶ 미량성분 : Fe						
		▶ 추정불가						
11	전남도섭리장 (全南道攝理章) 도판번호 53	Cu	Zn	Pb	Sn	Fe		
		64.6	20.6	7.89	3.42	1.63		
		▶ 손잡이 추정 결과 : 황동 ▶ 몸체 추정 결과 : 황동						
12	판사지장 (判事之章) 도판번호 59	Cu	Pb	Sn	Fe	Zn		
		72.4	11.5	8.22	4.77	1.99		
		▶ 손잡이 추정 결과 : 청동 ▶ 몸체 추정 결과 : 청동						
13	전라남도수사찰지인 (全羅南道首寺刹之印) 도판번호 52	Cu	Zn	Pb	Si	Al	Fe	Zn
		52.9	19.9	14.9	4.25	2.23	2.21	1.66
		▶ 손잡이 추정 결과 : 황동 ▶ 몸체 추정 결과 : 황동						
14	송광사판사인 (松廣寺判事印) 도판번호 58	Cu	Sn	Pb	Zn	Fe		
		74.6	14.3	5.90	3.20	0.424		
		▶ 손잡이 추정 결과 : 청동 ▶ 몸체 추정 결과 : 청동						

No.	유물명 및 유물번호	성분 분석결과				
15	송광사총섭인 (松廣寺摠攝印) 도판번호 57	Cu 70.5	Pb 16.4	Zn 8.30	Fe 4.08	Sn 0.213
		▶ 손잡이 추정 결과 : 황동 ▶ 몸체 추정 결과 : 황동				
16	송광사주지인 (松廣寺住持印) 도판번호 56	Cu 78.0	Sn 12.1	Pb 7.71	Zn 0.666	Fe 0.529
		▶ 손잡이 추정 결과 : 청동 ▶ 몸체 추정 결과 : 청동				
17	사자장식 인장 (獅子印鈕 印章) 도판번호 55	Sn 36.5	Pb 30.8	Cu 22.8	Si 3.59	Al 1.48	Fe 0.947
		▶ 손잡이 추정 결과 : 청동 ▶ 몸체 추정 결과 : 청동				

18 팔각인장함 (八角印章函) 도판번호 67

팔각인장함 장식품				
Cu	Sn	Pb	Zn	Fe
85.3	8.57	3.99	0.916	0.348

▶ 장식품 추정 결과 : 청동

팔각인장함 자물쇠				
Cu	Zn	Sn	Pb	Fe
72.7	22.4	2.60	1.01	0.645

▶ 자물쇠 추정 결과 : 황동

팔각인장함 열쇠		
Cu	Zn	Fe
62.8	36.6	0.139

▶ 열쇠 추정 결과 : 황동 (현대 추정)

19 인주함 (印朱函) 도판번호 69

Cu	Zn	Ni	Pb	Sn	Fe
67.1	19.4	8.39	2.20	1.74	0.701

▶ 장식품 추정 결과 : 황동 (니켈도금추정)

해인사 인장과 인장함

No.	유물명 및 유물번호	성분 분석결과
20	'첩'자 인 ('帖'字 印) 도판번호 44	측정불가

21	수다사승통인 (水多寺僧統印) 도판번호 33	Cu	Pb	Sn	Zn	Fe
		69.8	18.8	9.07	1.03	0.294
		▶ 손잡이 추정 결과 : 황동 ▶ 몸체 추정 결과 : 황동					

22	청암사승통인 (靑巖寺僧統印) 도판번호 39	Cu	Sn	Fe	Pb	Zn
		78.4	7.13	6.61	5.35	1.85
		▶ 손잡이 추정 결과 : 청동 ▶ 몸체 추정 결과 : 청동					

23	경상우도도승통인 (慶尙右道都僧統印) 도판번호 27	Cu	Pb	Sn	Zn	Fe
		64.9	23.3	8.11	1.50	1.03
		▶ 손잡이 추정 결과 : 청동 ▶ 몸체 추정 결과 : 청동					

24	엄천사주지인 (嚴川寺住持印) 도판번호 36	Cu	Pb	Sn	Fe	Zn
		59.3	22.77	10.3	5.27	1.09
		▶ 손잡이 추정 결과 : 청동 ▶ 몸체 추정 결과 : 청동					

25	다솔사승통인 (多率寺僧統印) 도판번호 30	Cu	Pb	Fe	Sn	Zn
		74.9	9.50	7.48	5.93	0.724
		▶ 손잡이 추정 결과 : 청동 ▶ 몸체 추정 결과 : 청동					

26	청곡사주지인 (靑谷寺住持印) 도판번호 38	Cu	Pb	Sn	Fe	Si	Al	Zn
		46.1	28.1	7.04	5.74	5.70	4.23	1.96
		▶ 손잡이 추정 결과 : 청동 ▶ 몸체 추정 결과 : 청동							

No.	유물명 및 유물번호	성분 분석결과						
27	법천사주지인 (法泉寺住持印) 도판번호 41	Cu	Pb	Si	Al	Sn	Fe	Zn
		60.1	13.8	8.45	6.31	4.01	2.53	2.33
		▶ 손잡이 추정 결과 : 청동 ▶ 몸체 추정 결과 : 청동						
28	화방사주지인 (花芳寺住持印) 도판번호 40	Cu	Pb	Si	Al	Fe	Sn	Zn
		55.0	22.9	7.83	6.86	4.48	1.72	0.318
		▶ 손잡이 추정 결과 : 청동 ▶ 몸체 추정 결과 : 청동						
29	쌍계사주지인 (雙溪寺住持印) 도판번호 34	Cu	Pb	Si	Fe	Sn	Zn	
		59.2	14.1	8.06	5.42	5.18	0.30	
		▶ 손잡이 추정 결과 : 청동 ▶ 몸체 추정 결과 : 청동						
30	단속사주지인 (斷俗寺住持印) 도판번호 31	Cu	Pb	Sn	Fe	Zn		
		74.1	14.8	8.59	4.77	1.06		
		▶ 손잡이 추정 결과 : 청동 ▶ 몸체 추정 결과 : 청동						
31	법수사주지인 法水寺住持印 도판번호 32	Cu	Pb	Sn	Zn	Fe		
		68.08	15.4	8.99	4.82	1.47		
		▶ 손잡이 추정 결과 : 청동 ▶ 몸체 추정 결과 : 청동						
32	승계보인 僧戒寶印 도판번호 42	Cu	Pb	Sn	Fe	Zn		
		72.4	11.5	8.22	4.77	1.99		
		▶ 손잡이 추정 결과 : 청동 ▶ 몸체 추정 결과 : 청동						
33	안정사승통인 (安靜寺僧統印) 도판번호 35	Cu	Pb	Fe	Sn	Zn		
		56.8	26.6	6.35	4.86	1.86		
		▶ 손잡이 추정 결과 : 청동 ▶ 몸체 추정 결과 : 청동						

No.	유물명 및 유물번호	성분 분석결과						

34	용흥사총섭인 (龍興寺摠攝印) 도판번호 37	Cu	Pb	Sn	Fe	Zn		
		63.5	15.5	12.6	3.98	3.57		
		▶ 손잡이 추정 결과 : 청동 ▶ 몸체 추정 결과 : 청동						

35	직지사 '승계보인' 直指寺 '僧戒寶印' 도판번호 43	Cu	Pb	Sn	Fe	Si	Al	Zn
		55.0	22.7	12.8	2.49	2.30	1.95	1.17
		▶ 손잡이 추정 결과 : 청동 ▶ 몸체 추정 결과 : 청동						

36	경상우도수사찰지인 (慶尙右道首寺刹之印) 도판번호 26	Cu	Zn	Pb	Fe	
		67.2	24.7	3.28	1.31	
		▶ 손잡이 추정 결과 : 황동 ▶ 몸체 추정 결과 : 황동				

37	'해수'자 인 ('海㈤'字 印) 도판번호45	Fe	Si	Al	S	Cu	Pb
		90.0	3.98	2.04	1.77	0.85	0.234
		▶ 손잡이 추정 결과 : 철 ▶ 몸체 추정 결과 : 철					

38	경우도섭리장 (慶右道攝理章) 도판번호 29	Cu	Zn	Pb	Sn	Si	Fe
		64.5	18.7	9.09	1.79	1.35	1.31
		▶ 손잡이 추정 결과 : 황동 ▶ 몸체 추정 결과 : 황동					

39	불법승보 (佛法僧寶) 도판번호 19	Cu	Pb	Sn	Fe	Ti	
		70.3	14.6	10.7	2.90	0.392	
		▶ 손잡이 추정 결과 : 청동 ▶ 몸체 추정 결과 : 청동					

40	법종찰총섭인 (法宗刹摠攝印) 도판번호 22	Cu	Pb	Zn	Si	Al	Fe	Sn
		55.9	10.9	10.3	8.89	6.24	5.29	0.261
		▶ 손잡이 추정 결과 : 황동 ▶ 몸체 추정 결과 : 황동						

No.	유물명 및 유물번호	성분 분석결과				
41	쌍계사총섭인 (雙溪寺摠攝印) 도판번호 34	Cu	Pb	Sn	Zn	Fe
		77.8	10.75	6.18	3.55	0.322
		▶ 손잡이 추정 결과 : 청동 ▶ 몸체 추정 결과 : 청동				

42	해인사인 및 인주통 (海印寺印 及 印朱筒) 도판번호 23, 49	해인사인					
		Cu	Zn	Pb	Sn	Fe	
		65.3	27.3	4.28	1.42	0.851	
		▶ 손잡이 추정 결과 : 황동 ▶ 몸체 추정 결과 : 황동					
		인주통					
		Fe	Sn	Si	S	Al	Co	Cu
		86.1	3.52	3.23	1.94	1.80	0.915	0.782
		▶ 인주통 추정 결과 : 철					

43	팔각인장함 (八角印章函) 도판번호 47	장식품 1				
		Cu	Zn	Sn	Pb	Fe
		77.6	18.6	1.67	1.16	0.696
		▶ 장식품 1 추정 결과 : 황동				
		장식품 2					
		Cu	Zn	Si	Sn	Pb	Fe
		74.9	16.7	1.95	1.86	2.25	0.404
		▶ 장식품 2 추정 결과 : 황동					

44	인장함 (印章函) 도판번호 48	장식품 1				
		Cu	Zn	Sn	Pb	Fe
		71.2	25.3	1.39	1.21	0.589
		▶ 장식품 1 추정 결과 : 황동				
		장식품 2						
		Cu	Zn	Si	Al	Pb	Sn	Fe
		63.6	21.9	4.63	3.44	1.09	1.07	0.728
		▶ 손잡이 추정 결과 : 황동 ▶ 몸체 추정 결과 : 황동						

통도사 인장과 인장함

No.	유물명 및 유물번호	성분 분석결과						
45	용추사인 (龍湫寺印) 도판번호 06	Cu	Zn	Pb	Sn	Fe		
		67.3	16.7	10.2	3.21	1.46		
		▶ 손잡이 추정 결과 : 황동 ▶ 몸체 추정 결과 : 황동						
46	용추암인 (龍湫菴印) 도판번호 07	Cu	Pb	Zn	Sn	Fe		
		82.2	6.25	5.82	3.94	1.06		
		▶ 손잡이 추정 결과 : 황동 ▶ 몸체 추정 결과 : 황동						
47	내용불명 인장 (內用不明 印章) 도판번호 08	Cu	Pb	Zn	Si	Al	Fe	Sn
		52.7	15.1	9.29	7.78	4.22	3.89	2.74
		▶ 손잡이 추정 결과 : 황동 ▶ 몸체 추정 결과 : 황동						
48	총섭신장 (摠攝信章) 도판번호 04	Cu	Zn	Pb	Sn	Fe		
		64.5	21.0	7.32	3.52	1.460		
		▶ 손잡이 추정 결과 : 황동 ▶ 몸체 추정 결과 : 황동						
49	경상남도수사찰지인 (慶尙南道首寺刹之印) 도판번호 03	Cu	Zn	Pb	Sn	Fe		
		67.5	24.9	3.04	2.24	1.06		
		▶ 손잡이 추정 결과 : 황동 ▶ 몸체 추정 결과 : 황동						
50	불법공덕인 (佛法功德印) 도판번호 02	Cu	Pb	Sn	Fe	Zn		
		61.3	24.3	8.30	4.17	0.749		
		▶ 손잡이 추정 결과 : 청동 ▶ 몸체 추정 결과 : 청동						
51	신흥사승통인 (新興寺僧統印) 도판번호 05	Cu	Pb	Sn	Si	Al	Fe	Zn
		59.7	19.3	7.48	5.33	2.88	2.28	1.58
		▶ 손잡이 추정 결과 : 청동 ▶ 몸체 추정 결과 : 청동						

No.	유물명 및 유물번호	성분 분석결과

| 52 | 불종찰원장인
(佛宗刹院長印)
도판번호 01 | |

Cu	Pb	Zn	Si	Fe	Al	Sn
39.4	34.3	9.76	6.00	4.11	3.74	1.53

▶ 손잡이 추정 결과 : 황동
▶ 몸체 추정 결과 : 황동

53	'방위'명 인장 ('防僞'銘 印章) 도판번호 09	측정불가(목재 사용)

54 인장함 (印章函) 도판번호 09

장식품 1			
Cu	Zn	Fe	Pb
68.3	30.3	0.679	0.352

▶ 장식품 1 추정 결과 : 황동

장식품 2				
Cu	Zn	Fe	Pb	Sn
71.2	27.3	0.614	0.358	0.227

▶ 장식품 2 추정 결과 : 황동

55 인장함 (印章函) 도판번호 13

장식품 1				
Cu	Zn	Sn	Pb	Fe
70.1	26.7	1.27	0.994	0.576

▶ 장식품 1 추정 결과 : 황동

장식품 2				
Cu	Zn	Sn	Pb	Fe
69.3	27.3	1.29	1.19	0.615

▶ 장식품 2 추정 결과 : 황동

No.	유물명 및 유물번호	성분 분석결과				

		장식품 1				
		Cu	Zn	Pb	Sn	Fe
		77.7	16.6	2.34	2.01	0.934
		▶ 장식품 1 추정 결과 : 황동				
		장식품 2				
56	인장함 (印章函) 도판번호 12	Cu	Zn	Pb	Fe	Sn
		75.5	22.77	0.846	0.350	0.278
		▶ 장식품 2 추정 결과 : 황동				
		장식품 3				
		Cu	Zn	Pb	Sn	Fe
		77.4	20.6	0.965	0.506	0.394
		▶ 장식품 3 추정 결과 : 황동				
		장식품 1				
		Fe	Pb	Sn	Cu	
		85.5	6.26	5.23	1.44	
		▶ 장식품 1 추정 결과 : 철				
		장식품 2				
57	인장함 (印章函) 도판번호 11	Fe	Pb	Sn	Cu	
		93.5	2.85	2.53	0.510	
		▶ 장식품 2 추정 결과 : 철				
		장식품 3				
		Fe	Sn	Pb	Cu	
		84.2	7.3	6.80	0.867	
		▶ 장식품 3 추정 결과 : 철				

참고문헌

도록

국립고궁박물관,『조선왕실의 인장』, 국립고궁박물관, 2006.

국립고궁박물관,『조선왕조의 관인』, 국립고궁박물관, 2009.

불국사박물관,『불국사』, 불국사박물관, 2018.

불교문화재연구소·문화재청,『한국의 사찰 문화재』, 불교문화재연구소, 2002~2013.

불교중앙박물관·영축총림 통도사,『통도사를 담아내다』, 불교중앙박물관, 2018.

한국학중앙연구원 장서각,『고성 옥천사 고문서』, 한국학중앙연구원, 2018.

해인사성보박물관,『해인사성보박물관 유물』, 해인사성보박물관, 2005.

단행본

권상로,『한국사찰사전』상하, 이화문화출판사, 1994.

김용태,『조선후기 불교사 연구』, 신구문화사, 2010.

무경 자수/김재희 옮김,『무경집』, 동국대학교출판부, 2013.

성인근,『한국인장사』, 도서출판 다운샘, 2013.

송광사성보박물관,『송광사의 필적기행』, 2020.

안진호,『석문의범』, 법륜사, 1968.

유근자,『조선시대 왕실발원 불상의 연구』, 불광출판사, 2022.

응운 공여/이대형 옮김,『응운공여대사유망록』, 동국대학교출판부, 2014.

임석진,『송광사지』, 도서출판 송광사, 2001.

조명제 외,『역주 조계산송광사사고-산림부』, 혜안, 2009.

논문

이봉춘,『한국불교학』제25집, 「조선시대의 승직제도」, 1999.

이종수,『한국불교학』제67집, 「1652년 官府文書를 통해 본 효종대 불교정책연구」, 2013.

송광사 조계총림 불기 2567년 계묘(2023) 춘 산철 결제방

山中	方丈	南隱玄鋒		監院	天子庵	法雄
	東堂	度然法興			印月庵	圓珣
	西堂	大應元明			廣遠庵	尙祐
	禪德	石林玄虎			佛日庵	德祖
	會主겸 念佛院長	靈眞			甘露庵	一和
禪院	首座	梵琮			悟道庵	寶華
	維那	靈禪			塔殿	寶鏡
	禪德	智眞				
		玄黙		外護	都監	行眞
	悅衆	利見			博物館長	古鏡
					院主	智宇
律院	律主	知玄			別座	平修
	律院長	大鏡			爐殿	是鏡
	律監	龍喜			知殿	聖現
						智心
講院	學長	然覺				
	學監	榮梵			護法	德日
	教授師	一歸			社會	鍊玉
		大定			布教	無因
		明法			企劃	然燈
					財務	愚巖
					教務	無影
					總務	慧觀
					住持	慈空

통도사·해인사·송광사
삼보사찰
인장전

총괄기획   고경스님
편   집   김태형, 신은영, 유철호, 박지영
전   시   김태형, 신은영, 유철호, 박지영
전시보조   신분희
원문교감·번역   고경스님, 전영근
인장성분분석   해성문화재보존·한국전통문화대학교
사   진   송광사성보박물관

발 행 처   송광사성보박물관
          57913, 전남 순천시 송광사국사길 216-2
          TEL) 061-755-0407
          http://www.songgwangsa.org/

발 행 인   자공스님
발 행 일   불기2567(2023).5.10

디 자 인   상상창작소 봄
          62260, 광주광역시 광산구 월계로 117-32, 상가1동 204호
          TEL) 062-972-3234

인   쇄   형제인쇄

값   25,000원

©송광사성보박물관, 2023
이 책의 저작권은 송광사성보박물관이 소유하고 있습니다.
이 책에 담긴 모든 내용과 자료는 송광사성보박물관의 허가를 받아 사용할 수 있습니다.

93220
ISBN 979-11-88297-66-5